腾讯研究院
Tencent
Research Institute

国务院发展研究中心企业研究所
腾讯研究院
联合研究

数字化转型与制度变革

马骏　司晓　袁东明　马源　闫德利 等 著

DIGITAL TRANSFORMATION AND INSTITUTIONAL REFORM

中国发展出版社
CHINA DEVELOPMENT PRESS

图书在版编目（CIP）数据

数字化转型与制度变革 / 马骏等著. —北京：中国发展出版社，2020.4（2021.5重印）

ISBN 978-7-5177-1128-5

Ⅰ.①数… Ⅱ.①马… Ⅲ.①信息经济—研究 Ⅳ.①F49

中国版本图书馆CIP数据核字（2020）第045984号

书　　名：数字化转型与制度变革
著作责任者：马骏　司晓　袁东明　马源　闫德利　等
出 版 发 行：中国发展出版社
联 系 地 址：北京经济技术开发区荣华中路22号亦城财富中心1号楼8层（100176）
标 准 书 号：ISBN 978-7-5177-1128-5
经　销　者：各地新华书店
印　刷　者：北京市密东印刷有限公司
开　　本：710mm×1000mm　1/16
印　　张：16.25
字　　数：201千字
版　　次：2020年5月第1版
印　　次：2021年5月第2次印刷
定　　价：59.00元

联 系 电 话：（010）68990630　68990692
购 书 热 线：（010）68990682　68990686
网 络 订 购：http://zgfzcbs. tmall. com
网 购 电 话：（010）88333349　68990639
本 社 网 址：http://www.develpress. com
电 子 邮 件：150289754@qq. com

联合课题组名单

课题负责人

马　骏　国务院发展研究中心企业研究所，所长、研究员

司　晓　腾讯研究院，院长

袁东明　国务院发展研究中心企业研究所，副所长、研究员

课题协调人

马　源　国务院发展研究中心企业研究所，研究室主任、研究员

闫德利　腾讯研究院

课题组成员

马淑萍　国务院发展研究中心企业研究所，研究员

莫　荣　中国劳动和社会保障科学研究院，副院长（正司级）、研究员

张　斌　中国社会科学院财经战略研究院，院长助理、税收室主任、研究员

施凤丹　国家统计局统计科学研究所，《统计研究》编辑部主任

邱泽奇　北京大学社会学系，长江学者特聘教授、博导

沈玉良　上海社会科学院世界经济研究所，国际贸易室主任、研究员

彭　羽　上海社会科学院世界经济研究所，副研究员

陈历幸　上海社会科学院法学研究所，副研究员

张鹏飞　上海社会科学院世界经济研究所，助理研究员

王　娟　西安邮电大学经管学院，副教授

曹建峰　腾讯研究院

杨　乐　腾讯研究院

杨　扬　腾讯研究院

李　刚　腾讯研究院

王爱民　腾讯研究院

张　鹏　腾讯研究院

蔡雄山　腾讯研究院

吴绪亮　腾讯研究院

摘 要

2018年11月30日，习近平主席在布宜诺斯艾利斯举行的二十国集团领导人峰会第一阶段会议上发表题为《登高望远，牢牢把握世界经济正确方向》的重要讲话，指出“世界经济数字化转型是大势所趋，新的工业革命将深刻重塑人类社会”，强调“为更好引领和适应技术创新，建议二十国集团将‘新技术应用及其影响’作为一项重点工作深入研究，认真探索合作思路和举措”。

数字化转型是使用持续创新的数字技术和日益丰富的数据要素推动经济社会活动变革的过程。从企业和产业层面看，数字化转型推动了微观主体的数字化、网络化、智能化变革，加速产业体系重构，形成了围绕网络平台的智能生态群。从国家层面看，它丰富了要素资源体系，开辟了新的增长源泉，成为提升全要素生产率的关键方向。从全球层面看，它使得世界各国经济联系更加紧密，大大促进了商品、资本、技术、信息在全球范围内的流动和配置。可以说，从数字技术应用到数字化转型，是一场波及经济社会发展全局、涵盖生产力到生产关系的全方位变革。

数字化转型在带来千载难逢机遇的同时，也全面地冲击着传统工业时代所形成的一整套管理制度和规则体系。“我们既要鼓励创新，促进数字经济和实体经济深度融合，也要关注新技术应用带来的风险挑战。”新技术应用的范围广泛、机理复杂，对这些数字化新生事物，可谓未知大于已知。如何深化对数字化转型的深刻认识，秉持“科技向善”，汇聚起向上向善的强大力量，既充分发掘数字技术的创新潜力，鼓励新技术、新知识传播，让创新造福更多国家和人民，又让技术更有温度，最大限度地减少数字化转型带来的不利影响，已成为当前世界亟待破解的重大时代命题。

2019年以来，国务院发展研究中心企业研究所与腾讯研究院组建联合课题组，邀请来自中国社会科学院财经战略研究院、中国劳动和社会保障科学研究院、上海社会科学院世界经济研究所、北京大学社会学系、国家统计局统计科学研究所等单位的专家学者，共同对数字化转型及其影响开展前瞻性、系统性研究。考虑到数字化转型影响的全局性、广泛性和深远性，课题组重点探讨了在数字化转型背景下的经济发展、劳动就业、普惠包容、行业监管、国家税收、统计测度、经贸规则、AI治理等八个主题，从数字化转型带来的影响、国内外制度变革探索、下一步的政策建议等方面做出判断、给出建议。主要内容如下。

（一）在经济发展方面，数字化转型是重塑经济格局的全面变革。数字化转型是数字经济时代的重要特征，重塑着要素资源、企业主体、产业体系、商业模式、国际贸易和市场规则。加快数字化转型已成为当下全球经济社会创新发展的重大优先事项和关键举措。建议各方携起手来，共同推动数字经济创新与合作，加快数字基础设施建设，审慎监管新兴应用，制定数字经济配套规则，强化网络空间治理合作，让数字经济成果惠及全球人民。

（二）在劳动就业方面，要抓紧迎接数字时代工作性质的转变。互联网催生弹性灵活就业新形态，而机器人、人工智能等技术在创造新型岗位的同时，替代了程序性、重复性岗位，并对劳动者的技能提出更高要求。建议要加大对创业创新的政策支持力度，通过创新创业创造更多新岗位，同时还要加大数字技能教育培训投入，加快推进面向弹性、灵活就业的劳动制度改革步伐，健全失业救济和社保政策，使劳动者在转换职业和行业时更为平滑顺利。

（三）在普惠包容方面，应加快弥合数字鸿沟，促进数字红利普惠大众。越来越多的人开始跻身数字时代，成为数字公民，享受数字红利，但受网络部署不到位、个人数字技能不足等因素制约，不同地区、不同群体间存在着三大鸿沟：接入鸿沟、使用鸿沟和数据及知识鸿沟。弥合数字鸿沟，促进数字包容，已成为各国共享数字红利的关键举措。建议加大对数字基础设施建设的支持力度，引导企业薄利多销，降低网络使用扩散门槛，强化数字技能培训，鼓励企业创新提供无障碍应用，促进数字红利的普惠分享。

（四）在行业监管方面，要建立包容发展的数字经济新型治理格局。数字技术应用深入改变传统行业的商业逻辑和运行方式，形成了跨区域、跨行业、多主体的复杂数字生态系统，现行准入制度、监管体制、竞争政策等难以适用，数据治理等新问题面临空白。建议坚持包容发展理念，积极鼓励向善、有益的创新尝试，为新业务、新业态的发展留有空间；营造公平竞争环境，探索反垄断和反不正当竞争法等在数字经济领域的适用性；明确数据治理规则；构建多方协同治理体系，以监管制度创新为数字经济保驾护航。

（五）在国家税收方面，应推进迈向数字时代的国家及国际税收制度转型。数字技术改变了工业经济时代的生产组织方式、生产空间布局以及生产与消费的联结方式，打破了现行税制和国际税收规则的基础，对以工业经济为基础的现行税制体系及国际税收规则产生了革命性挑战。建议深入开展数字技术应用对税收制度影响的研究，坚持“税收中性、包容审慎”原则，以税收征管数字化驱动税制改革，加强在过渡期间的税制转型方案和路径研究，按照“竞争中性”原则缩小行业间的税制差异，优化中央和地方税收划分；发展“互联网+税务”，促使税务机关提高数字技术应用能力。

（六）在统计测度方面，要加快工业经济向数字经济过渡的统计创新。数字技术的广泛应用丰富了统计数据来源和分析工具，也让数字经济的内涵和边界不断延展。现行 GDP 核算体系难以处理数字经济的跨界融合、共享经济、免费产品、技术创新等现象。国际社会在数字经济的统计范围、方法和结果上存在较大差异。数字经济仍在快速发展过程中，建议应就数字经济的基本概念、范围、分类标准体系等关键点达成共识，建立统计监测和评价指标体系，创新数字经济核算制度，促进政府与互联网企业的合作。

（七）在经贸规则方面，要塑造面向数字贸易的国际经贸新规则。数字化转型正深刻改变着国际经贸模式，现行多边贸易规则体系以传统货物和服务贸易为基础，难以适应贸易数字化转型的新变化。在多边贸易框架下构建国际经贸新规则，建议充分考虑不同国家、不同地区数字化转型阶段的差异，秉持多边贸易体制的包容性，继续维护发展中成员享受特殊与差别待遇的权利；推动电子商务谈判在 WTO 层面取得早期收获；加强跨境数据流动规则研究；加快数字关键技术的突破，掌握标准和规则制定的主导权和主动权；共同应对计算机犯罪和网络犯罪、恐怖主义等网络风险和挑战。

（八）在 AI 治理方面，应构建数据和算法新规则践行科技向善。人工智能的广泛应用，也引发了社会各界对于人工智能的法律、伦理和社会影响的持续关注和激烈讨论。本部分对 2019 年全球 AI 治理进行了总结和展望。总体上，国际社会正在探索建立广泛认可的 AI 伦理原则，推进敏捷灵活的 AI 治理；科技行业也日益重视 AI 伦理，但落地机制仍需探索行业共识。其中，AI 算法分类分级监管、深度伪造和合成内容、人脸识别、自动驾驶汽车、智能医疗等五个细分领域是关注热点。展望未来，需要构建多层次的治理体系，采取敏捷灵活的治理方式；立法和监管要充分考虑国际竞争、技术的经济社会价值等视角，推动先行先试；还要推动人工智能治理的跨学科参与和国际合作。

第一章 经济发展

数字化转型是重塑要素资源、企业主体、产业体系、商业模式、国际贸易和市场规则的全面变革

当今时代，以互联网、云计算、大数据、物联网、区块链、工业互联网、人工智能、虚拟现实等为代表的新一代数字技术创新活跃、快速扩散，加速与经济社会各行业各领域深度融合，由此掀起一场波及全球的数字化转型新浪潮。数字化转型开启了工业经济向数字经济转型发展的新篇章，正在重塑要素资源体系，重建现代产业体系，重构国际贸易格局，重写经济发展范式，已成为当下推动经济发展实现质量变革、效率变革、动力变革以及提高全要素生产率的关键性力量。敏锐抓住这一千载难逢的战略机遇，进一步加快数字技术的产业化进程和传统产业的数字化进程，让数字技术应用更好地惠及全球人民，其关键点在于要把握技术产业变革新趋势，加快制定与数字经济发展相辅相成的制度和规则，超前部署新型基础设施建设，增强数字经济基础产业，对新业态实施包容审慎监管，加快完善数据资源治理规则，同时要统筹解决好新旧业态转换过程中的监管规则、就业稳定、劳动力技能转型等一揽子问题，协商好国内外规则对接，共商好数字时代全球治理新体系。

一、数字技术正进入加速渗透和集成创新的新阶段

18 世纪六七十年代，蒸汽机的发明及广泛应用，将人类从繁重的体力劳

动中解脱出来，推动人类社会步入了工业经济时代，随后电力技术、自动化技术等接连出现，彻底改变了人类的生产和生活面貌。20 世纪 90 年代互联网技术商用化以来，伴随着移动通信技术的快速演进、计算和存储能力的大幅提升、终端智能化程度的飞速跃升，不但成长出一批创新活跃、渗透性强、波及面广的战略性新兴产业，更重要的是数字技术与实体经济的深度融合带来的产业数字化变革，再一次革命性地改变了人类的生产生活方式，由此正在开启一场由工业经济时代向数字经济时代演进的重大变革。

数字技术泛指对各类经济社会活动进行信号采集、数字转换、运算处理、网络传输、信号还原等一系列活动的技术，具有研发投入强度高、创新活跃度高、跨行业渗透性强等突出特点，是全球新一轮科技革命和产业变革中的重点方向和关键领域。最近几年来，数字技术部署成本的大幅下降、应用成效的日益凸显，使得数字技术开始进入加速渗透、集成创新、融合应用的活跃期。

（一）物联网设施开始大面积部署

继移动通信、移动互联网让数十亿人享受了随时随地接入网络的便捷之后，移动通信技术和物联网技术的结合，正在开启以数千亿级物体为对象的连接新时代。一是传感器成本的大幅下降为各类物体联网提供了基础条件。包括压力、温度、电磁、图像等在内的各类传感器是感知物理世界变量的基本元件，在过去十年内，全球传感器单位价格下降了 54%[①]，加上需求扩张刺激了传感器出货量的高速增长，咨询机构 IC insights 数据显示，2018 年全球各类传

① 中国信息通信研究院，《物联网白皮书（2016版）》。

感器和执行器合计出货量254亿颗[①]，销售额创下了147亿美元的新高，预计到2023年出货量将增长到418亿颗。二是支撑多场景连接需求的网络类型陆续部署到位。针对智能抄表、智能家电、智慧建筑、智慧城市、安防监控、交通物流、节能环保等领域要求网络具备覆盖广、功耗低、成本低、容量大等能力的需求，全球范围内到2020年1月底[②]，已有63家电信运营商在61个国家部署了127张移动物联网网络，其中有NB-IOT（窄带物联网）网络92张、LTE-M网络35张[③]。针对车联网、无人驾驶、工业互联网等要求低时延、高可靠、高速率、高移动性等联网需求，第五代移动通信网络（5G）的峰值速率将十倍于4G网络、传输时延降至毫秒级、每平方公里连接数超过百万级，2019年以来多个国家已开始部署5G网络。三是各领域开始拥抱物联网技术加速数字化转型进程。从产业领域看，各类材料、装备、配件、人员、环境、产品等开始实时连入网络。从公共服务领域看，居民水电气等远程计量、交通违法摄像、环保数据监测、城市公共安全等城市管理活动均需要安装大量数据采集设备。从表1.1各机构对物联网连接数量的预测数据看，2019年全球范围内连接的物联网设备数量超过100亿个，到2025年将达到250亿个，展望2030年，预计联网设备数量将突破千亿个。

① https://www.electronicspecifier.com/products/sensors/sensors-actuators-reach-record-sales-on-slower-growt.

② 全球移动运营商协会（GSMA），https://www.gsma.com/iot/mobile-iot-commercial-launches/，2020-1.

③ LTE-M比一般的4G信号覆盖半径更大，可穿透到地下停车场、楼道等一般4G信号的覆盖盲区。LTE-M可以实现移动漫游，可以提供1Mbit/s的速率，支持VOLTE语音电话。可满足打电话、发短信、低速上网的需求。

表 1.1　各机构对物联网连接数量预测情况

机构名称	单位	2019 年	2020 年	2025 年	2030 年
爱立信[①]	联网数量（亿个）	108		249	
思科[②]	M2M 设备（亿个）	90	110		
GSMA[③]	M2M 设备（亿个）	100		250	
IDC[④]	联网数量（亿个）	253	295	416	
IHS Markit[⑤]	联网数量（亿个）			730	1250

（二）宽带网络基础设施快速普及

宽带网络基础设施是 21 世纪经济社会发展的战略性公共基础设施，发展宽带网络对于培育新兴产业、支撑传统产业的数字化转型、优化生产生活方式、促进公共服务均等化等都具有重要支撑作用。在发展宽带方面，出台宽带国家战略对于一国宽带的发展推动作用非常显著。国际电信联盟（ITU）和思科公司的一项联合研究表明，相比于没有出台战略的国家，出台宽带战略的国家固定宽带人口普及率平均要高出 2.5% 甚至更高。国际电信联盟宽带可持续发展委员会报告显示，从 2010 年到 2019 年，全球范围内制定国家宽带发展战略或行动计划的国家数量从 102 个增加到 164 个，这意味着加速发展宽带网络已成为各国的普遍共识。在宽带网络人口普及方面，到 2019 年底，全球固定宽带人口普及率达到 14.9%，移动宽带（指 3G+4G 及 5G）人口普及率达到 83%；互联网用户数达到 41 亿户，按人口普及率计算首次超过全球人口一半，

① Ericsson，Ericsson Mobility Report，2019-11.
② Cisco Visual Networking Index Forecast and Trends. 2017－2022 White Paper，2019-2.
③ GSMA. The Mobile Economy 2019，2019-9.
④ IDC. Reducing the Time to Value for Internet of Things Deployments，2016-5.
⑤ IHS Markit. the internet of things： a movement， not a market，2017.

达到 53.6%，比十年前的 2009 年的 25.8% 高出了一倍。在宽带网络能力方面，随着全球固定铜缆网络向光纤网络升级，固定宽带网络速率从 2017 年的 39Mbps 快速提升到 2019 年的 52.9Mbps；移动宽带网络方面，则随着网络制式从 2G、3G 升级到 4G，再升级到 5G，网络速率也从 2017 年的 8.7Mbps 提高到 17.7Mbps①，具体见图 1.1。

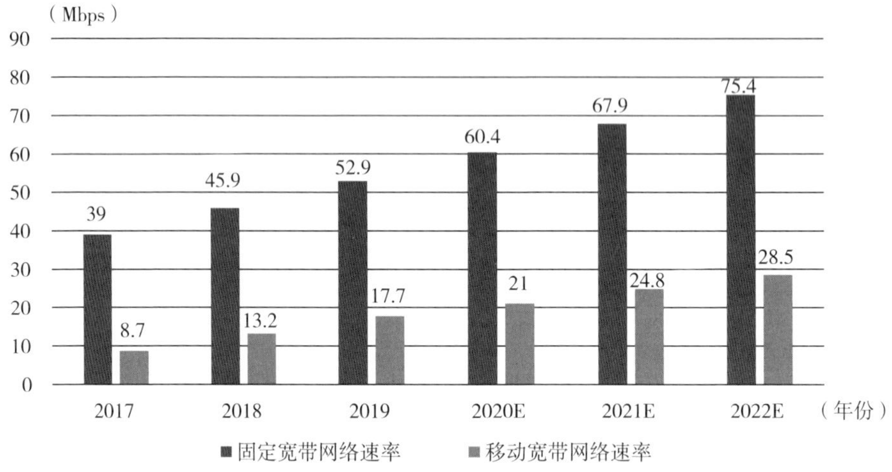

图 1.1　全球宽带网络平均速率

需要指出的是，在 5G 网络方面，目前正处于快速商用部署期。2018 年末，韩国和美国率先启动 5G 商用，2019 年以来全球多个国家宣布部署 5G 网络，截至 2020 年 1 月合计已有英国、德国、西班牙、瑞士、澳大利亚、新西兰、沙特、科威特、南非、中国等 26 个国家正式实现 5G 商用。按照 GSMA 预计，到 2025 年全球超过一半的国家将商用 5G 网络，覆盖人口数占到全球 1/3，发展 5G 用户数将超过 14 亿户，占到全球移动连接数（不含 IOT 连接）的 15% 左右。从 5G 经济贡献来看，在未来 15 年内，仅 5G 一项技术就将给全球带来 2.2 万亿美元的经济价值。

① Cisco. Cisco Visual Networking Index Forccast and Trends， 2017 - 2022 White Paper，2019-2.

（三）云数据中心和云服务快速增长

随着数字化的深入推进，传统自建自用计算设施的计算模式在处理大数据方面的低效和高成本弊端日益突出。云计算通过分布式计算和虚拟资源管理等技术，将分散的资源例如计算与存储、应用运行平台、软件等通过网络集中起来，形成共享资源池，并以动态按需方式向用户提供弹性计算服务，这有效降低了计算和数据处理成本，促进了计算效率提升和节能减排，由此驱动用户从以往自建计算与存储设施向寻求购买社会服务的模式转变。云计算的物理实体是超大型数据中心，涉及计算、存储和数据库等基础设施技术，机器学习、人工智能、数据湖分析以及物联网等新兴技术。在提供的业务类型上，主要包括 IaaS（基础设施即服务）、PaaS（平台即服务）和 SaaS（软件即服务）。

随着各类机构对云计算技术依赖程度的提高，公司信息技术（IT）团队正争先恐后地采用云计算服务，由此带来对数据中心资源和云计算服务需求的快速增长，继而推动数据中心向超大规模发展。从全球数据中心发展趋势看，按照思科公司 2018 年 11 月更新发布的《云计算指数白皮书 2016—2022》，从 2016 年到 2021 年，全球建成的超大规模数据中心数量将由 338 个增长到 628 个，这些超大规模数据中心拥有的服务器数量占全球各类数据中心服务器数量之比将由 38% 提升到 53%，由此提供的算力将由 41% 大幅提高到 69%；在数据中心上存储的数据量也将由 51% 提高到 65%。另一个佐证是 Gartner 的预测分析，估计到 2025 年，80% 的企业将从现场数据中心迁移到云数据中心，并关闭传统的数据中心。可以说，超大型数据中心已成为提供云计算服务的关键基础设施。具体见表 1.2。

表 1.2　　全球超大规模数据中心发展趋势

指标	单位	2016 年	2017 年	2018 年	2019 年	2020 年	2021 年
超大数据中心的数量	个	338	386	448	509	570	628
超大数据中心的服务器数量占比	%	27	32	38	44	48	53
云数据中心流量占比	%	87.9	90.1	91.8	92.9	94.0	94.9
传统数据中心流量占比	%	12.1	9.9	8.2	7.1	6.0	5.1

数据来源：Cisco Global Cloud Index：Forecast and Methodology，2016－2021 White Paper，2018 年 11 月。

在云计算服务方面，随着云计算从互联网市场向企业市场拓展，全球云计算市场规模持续保持两位数的快速增长态势，并涌现出亚马逊云、微软云、谷歌云、阿里云等全球大型云计算服务企业。按照 Gartner 监测分析报告[①]，到 2020 年，全球公共云服务市场预计将增长 17%，达到 2664 亿美元，高于 2019 年的 2277 亿美元。其中，软件即服务（SaaS）仍将是第一大的细分业务市场，预计 2020 年将增长到 1160 亿美元，占云服务市场全部收入的比重为 43.5%；第二大细分市场是 IaaS 业务市场，预计 2020 年将增长 24%，达到 500 亿美元，是所有细分市场中增长最快的业务。此外，与 IaaS、PaaS、SaaS 相伴随的云业务流程服务（Cloud Business Process Services）、云安全和管理服务（Cloud Management and Security Services）等也保持较快增长。具体见表 1.3。

表 1.3　　全球云服务市场发展趋势　　单位：亿美元

云服务类型	2018 年	2019 年	2020 年	2021 年	2022 年
云业务流程服务（BPaaS）	417	437	469	502	538
基础设施即服务（IaaS）	324	403	500	613	741
平台即服务（PaaS）	264	322	397	483	580
软件即服务（SaaS）	857	995	1160	1330	1511
云安全和管理服务	105	120	138	157	176
合计	1967	2277	2664	3085	3546

数据来源：Gartner，Gartner Forecasts Worldwide Public Cloud Revenue to Grow 17% in 2020，2019 年 11 月。

① Gartner. Gartner Forecasts Worldwide Public Cloud Revenue to Grow 17% in 2020，2019-11.

（四）新一代人工智能及其应用不断突破

近年来，随着数据量的爆发式增长、计算能力的大幅提升，尤其是机器深度学习算法的发展和成熟，新一代人工智能技术驶入了发展“快车道”。一是海量的数据为人工智能提供了训练学习“样本”。到 2019 年，全球互联网用户数达到 41 亿户，手机用户数超过 51 亿户，在全部连接中使用智能手机的用户占到 60% 以上。而且用户在线时长不断增加，2018 年用户在手机和桌面电脑上花费的时间，分别占到各类媒体总时长的 18% 和 33%，合计超过一半[①]，产生的数据从文本、图像、声音等数据，到动作、姿态、轨迹等人类行为数据。工业领域海量传感器采集的压力、温度、电磁信号越来越多。据 IDC 预测，全球产生的数据量将从 2018 年的 33ZB 剧增到 2025 年的 175ZB。有了更大规模、类型更丰富的数据，人工智能模型的精度自然会进一步提升[②]。二是基于神经网络的深度学习算法取得突破性进展。2006 年加拿大多伦多大学杰弗瑞·辛顿（Geoffrey Hinton）教授在《科学》杂志发表论文，提出了基于神经网络的深度学习算法（DNN），它较好地模拟了人脑神经元多层深度传递的过程。随后，算法上的一系列突破性进展，使得计算机在图像识别、语音识别、自然语言处理等方面的精度逼近甚至超越人类。三是计算能力的大幅提升和计算成本的指数型下降，为人工智能提供了强大的处理“工具”。传统上以中央处理单元（CPU）逻辑计算为主的计算硬件，性能和功耗都无法满足人工智能模型在大规模矩阵

---

① Mary Meeker. Internet Trends，2019-6.

② 哈佛大学医学院研究表明，训练数据集从5GB字节提升到200GB字节，对大脑、颈部、肩部、胸腔、腹部、胯部等六个部位的识别准确性，将由8%提升到96%。

乘法运算上的需求，而 GPU 作为图像处理器，恰好在浮点运算、并行计算、高吞吐量等方面可以提供数十倍乃至于上百倍于 CPU 的计算性能，大幅压缩模型训练时间，目前已成为机器学习算法的主流配置。从单位计算性能的成本来看，在摩尔定律驱动下，过去几十年间一直呈现指数型下降趋势，以 GPU 芯片巨头英伟达为例，其 GTX 1080 只要 700 美元，却可提供 9Tflops（Tflops 是每秒 1 万亿次浮点指令计算）的性能，折算下来每 Gflops（Gflops 是每秒 10 亿次浮点指令计算）的硬件成本只要 8 美分，而在 1961 年人工智能兴起之初却需要 9 万亿美元[①]。四是图像、语音、自然语言处理与人类相当。在图像识别方面，以年度 ImageNet 大规模视觉识别竞赛（ILSVR）来看，自 2012 年引入深度学习算法识别图片以来，物体识别错误率首次骤降至 16.4%，2015 年更降至 3.7%，已经优于人眼 5.1% 的识别错误率，到 2017 年识别错误率进一步低至 2.25%。计算机视觉的重大突破直接加速了在摄像头安防、刷脸支付、商品拍照搜索、医疗领域的智能影像诊断、机器人 / 无人驾驶的视觉输入系统等的推广应用。在语音识别方面，近距离语音识别已经达到进入日常生活的标准，被广泛应用于智能音箱、智能家电、欺诈检测、探伤检测、语音输入等领域。到 2016 年，微软语音识别系统的错词率已经降到 5.9%，其水平等同于专业速录员。随着语音唤醒技术、声学处理技术、声纹识别技术等核心技术的蓬勃发展，智能语音识别的准确率和响应速度基本可以满足垂直领域应用需求。在自然语言处理方面，深度学习算法开始应用到机器翻译等领域，出现了专门的智能翻译产品。对话交互能力被应用于客服机器人、智能助手、聊天机器人等产品中。一个新进展是

① Goldman Sachs. Artificial Intelligence：AI， Machine Learning and Data Fuel the Future of Productivity，2016-11.

2018 年 3 月，微软机器翻译系统在通用新闻报道测试集 newstest2017 的中—英测试集上，翻译结果相较于以往的统计机器翻译结果更加自然流畅，达到了可与人工翻译媲美的水平。

我们深切感受到，现阶段各种数字化技术创新活跃，围绕数字化转型的产业占位和转型布局已经在全球范围内展开，呈现出几个突出特点。一是智能化延伸，比如在传感器层面，其功能开始由感知、度量为主向兼具诠释、理解方向转变，自带算法模型的智能化、模块化、高集成的 MEMS 器件成为布局方向。二是平台化布局，产业体系中各个环节的主要企业均在搭建平台营造生态。例如电信运营商美国 Verizon 搭建物联网平台 ThinsSpace，支持智能照明、智能交通管理、智能视频等多种应用场景，让用户在网络侧管理资产等。芯片制造商英伟达推出自动驾驶计算平台，已经有数十家汽车企业基于其计算平台进行开发。三是开放化策略，推出开源框架或开放接口，免费吸引各类开发者二次开发或调用，再逐步主导产业生态。例如谷歌推出 Tensorflow 深度学习框架，目前已成为人工智能应用开发的基础框架，推出的车辆自动驾驶平台 Waymo，其地位类似于移动互联网时代的安卓手机操作系统。四是一体化方案，依托平台向垂直行业客户提供端到端的解决方案。特别是在工业领域，例如西门子、通用电气和三一重工等通过搭建对接上下游的工业互联网平台，一侧掌握传感层设备的运行状态或产品使用状态，另一侧向客户提供个性化定制、生产协同、远程运维、预测性服务等解决方案，实现资源优化、效率提升和供需对接。同期，数字化解决方案开始在众多垂直领域如交通、医疗、商业、金融、媒体等产业领域引入应用，一个相互支撑、相互依赖的新兴产业生态正在形成。

二、数字化转型正在开辟经济发展新局面

各类数字技术的广泛应用催生了海量数据，数据被加工后作为资源重新投入经济活动中，让各类要素高效流动，生产制造更加智能，供需匹配更加精准，专业分工更加精细，计划决策更加灵活，国际贸易更加广阔，同时，万物间的高度互联打破了传统的市场边界，破除了过去普遍存在的信息不对称问题，市场配置效率进一步提升。

（一）数字化转型赋予企业新的可持续发展能力

数字技术的扩散应用改变了企业的外部环境和内部组织。企业通过互联网与用户直接对接，深入应用大数据、人工智能、工业互联网、机器人、3D 打印等数字技术后，开始变得越来越智能和高效，突出表现为企业的生产方式精准个性化、客户关系长期服务化、业务边界柔性模糊化、组织结构平台网络化、创新开放系统化。

1. 生产方式智能化

企业利用物联网、大数据、人工智能等技术，推动生产或服务的组织方式发生变化，呈现出高度智能化、个性化、精准化等特征。同时，不同产业生产或服务方式的变化，会因与终端用户的距离远近有不同的表现形式。大致可以分为三类：第一类是对生产或生产流程的自动化、智能化改造。如对生产流

程进行智能化改造，从工厂、生产线到制造单元、设备等多个层面入手，以互联为支撑，以数据为驱动，实现柔性生产和大规模的个性化定制，提升生产效率和产品品质。第二类是以智能互联产品为基础，形成与客户高度互动的生产或服务方式。一是“产品 + 服务”的形式，即生产企业利用智能互联产品产生的数据为用户提供更多增值服务，如远程实时监控、诊断和维护，逐步形成“产品 + 服务”的商业模式。二是“消费者对工厂”（C2M）形式。企业以柔性生产为基础，通过各类在线平台直接面向用户，打通从消费到生产再到上游原料的整个链条，以大规模的个性化定制对接用户的个性化需求，并通过用户数据反馈完善和改进产品及生产系统。第三类是生产融入服务平台，成为网状产业结构的一部分。很多企业的组织架构将会发生根本性改变，从传统的链状结构、生产引领向网状结构、服务引领转变。制造端的产品和生产方式必须与服务平台紧密相融，充分满足服务平台面向千千万万用户、对产品智能化和个性化的要求。

2. 客户关系长期服务化

数字化技术的应用驱动企业与客户之间的关系发生重构。首先，帮助企业拉近了与客户的距离。过去，为搜寻潜在客户、了解客户需求、掌握客户使用情况，企业需支付高昂的信息成本。而在数字化时代，通过互联平台、远程监控、智能传输等，企业就可以直接面向客户并获取供需信息。其次，企业与客户之间深度学习成为可能。通过智能互联产品的数据流动，企业可以充分掌握产品的运行情况，客户也可以及时反馈使用情况，共同完善和改进产品性能。再次，企业向客户提供价值的方式发生变化。由于企业可远程监控智能互联产品，因而向客户提供的价值将不再是单一的产品，甚至向“产品即服务”

转型，允许客户获得产品完整的服务，而无须购买产品。最后，企业与客户的联系纽带会更加多元、更加紧密。智能互联产品的功能将不断拓展，企业向客户提供的服务也会在产品上不断叠加，最终使得产品成为服务集成或整合的载体，如电视机成为智慧屏，集成了众多娱乐服务，由此企业与客户之间将为多重纽带所连接。企业与客户的关系将从过去单一的产品买卖关系，演进成为面对面的、长期的、多维度的服务关系。显然，在客户关系长期服务化的情况下，“赢者通吃”的关键就是能否赢得客户的忠诚，能否与客户建立起长期的、排他性的信任关系。

3. 企业边界柔性模糊化

企业通过服务平台，汇聚众多外部资源，创造出大量新的差异化竞争方式和附加价值服务，从过去的单一产品或服务竞争，转变成为平台竞争或生态系统间的竞争。相应地，企业边界就会变得越来越模糊，从有界向无界、从单一向跨界演进，内外部界限被打破，任何能够与生态系统核心平台进行对接的组织、个人和用户，都将成为平台生态的一部分。随之，企业的规模也会因企业边界的伸缩而柔性调整，不再受自有资产、产业属性、产能条件、人力资源等硬性约束，而是可以通过外部资源的接入和整合，灵活调整输出内容和输出规模。例如 Uber 和滴滴打车，通过网络平台将出租车、社会车辆等都接入进来，这些车辆的所有权不属于平台，平台无须投入，但这些车辆能够为平台所用，作为企业向客户提供的交通出行服务，并且随着接入的服务车辆越来越多，企业边界也随之不断延展。再例如通过微信平台，小微创业者、个人创业者及重点就业群体可通过快速学习掌握数字技能，投身数字领域，借助微信工具快速启动项目并运行，企业可以轻资产式运行，更及时了解用户需求，搭建贴近用户的服务体系。

企业边界柔性化的关键是企业功能的调整，主要包括两个方面：一是聚焦核心功能。数字化企业的核心功能主要包括提供信息设施、外部接口、交易枢纽，建立内外协同、互联互通机制，使得外部资源、信息能够畅通地汇集在中心枢纽，并最终在枢纽上实现多向交互。二是拓展外延功能。企业会将一般性的生产制造、市场服务、供应链等功能向外拓展，作为外部资源择优接入，以有限的自有资源形成较大的生产服务规模。譬如小米公司作为一家专注于手机和电视的互联网企业，通过实施生态链计划，以智能制造平台为核心，将各种家电、家具、出行、娱乐等产品都整合进来，成为一家产品种类极为丰富的数字化企业。

4. 组织结构平台网络化

为适应贴近用户、柔性生产、内外协同等要求，企业利用各类数字技术来重塑企业组织结构，总体上是打破科层组织架构，以平台网络化为总特征，来连接企业内外部的各个单元。具体包括四个方面的变化。一是内部组织扁平化。在数据驱动的生产与服务流程中，企业内部各业务单元、各智能设备等互联互通，工序工段边界被打破，信息可以高效传送，内部组织趋于扁平化，不再需要大量的中间层和管理层，使生产与市场之间、上下游工序之间实现无缝对接。譬如青岛红领制衣，进行智能化生产改造后，每个生产节点都没有管理人员，人员设置变为节点流程管理人员，共减少了 30% 的生产人员；再如中国电信通过“划小承包”，让基层一线人员直接面对客户，借助网络直接调用后台网络资源，大幅提高组织效率。二是核心功能平台化。企业聚焦于核心功能后，通常会将这些功能以平台的形式呈现，以满足各种数据汇聚交互的要求。例如青岛海尔，从制造产品向孵化创客转型，打造了满足社群经济的大顺逛平台、满足体验经济的卡奥斯（COSMOPlat）平台和满足共享经济的共享金融平台。三是外部结构网状化。企业拓展外延功能后，相应的生产、客户、上下游及相关外部组织都与平台相连接，同时这些单元彼此之间又能在需要时直接连接，形成一个复杂有序的网状结构。网状结构的好处是作为中枢系统的平台可以整合众多外部资源，同时各单元间信息无损交互又能大大提升整个组织的运作效率。四是业务单元微型化。随着数字化进程的深入推进，过去标准化的大规模、大批量生产不断弱化，同时，面向个性化、精准化、精益化的特征越来越突出，生产和服务等业务单元也逐步趋于弹性化、微型化，以适应小批量、个性化定制的要求。国内外企业在数字化转型时，已出现众多将原来的大规模企业拆分成一个平台加上若干内部单元甚至单独核算的小微企业，形成平台＋小微的经营模式。

5. 企业创新开放系统化

数字技术与传统产业的结合将传感器、处理器、软件和网络连接模块等内置于传统产品之中，并基于产品生产、产品使用以及客户反馈所产生的多维数据，来提升产品原有的功能，并产生新的附加价值。被数字化改造过的产品本身具有了跨界融合的特征，是多产业的集成体。在智能互联产品的开发设计、实践运用、维护升级等各个阶段，产品和业务的跨界合作将成为常态。为适应跨界融合的趋势，企业的创新模式随之发生改变。创新着力点，从以产品为中心向以用户为中心转变；创新形式，从串型的瀑布式创新向并型的迭代式创新转变；创新人员，从在册人员创新到在册与在线双重并进；创新组织，从布局全球研发中心向以平台载体为主转变。显然，开放创新将是企业创新的核心特征，主要有三大特点：全面开放、系统专业和共享共赢。一是全面开放，就是创新平台向所有人开放，使得企业能够整合包括员工、客户、上下游企业、行业外伙伴等各种外部创新资源，最终实现更加贴近用户、跨界集成的创新。二是系统专业，就是创新平台的各种资源能够形成从创意、设计到制造、销售等整个创新全流程。三是共享共赢，就是参与创新的各个主体，企业、员工或用户，通过利润分成计划，都能够分享创新利益。

（二）数字化转型推动线性产业链向智能生态群演进

在数字技术支撑下，异地协同研发、大规模个性化定制、远程预测运维等已成为现实。智能的产业生态系统如社交网络生态、电子商务生态、工业互联网生态、自动驾驶生态等正逐渐取代传统以上下游配套为主的线性产业链，呈现出基于网络平台的集群化、基于数据分析的智能化和基于产业融合的服务化等新特征。

1. 基于网络平台的集群化

互联网正在解构传统的线性产业链，形成基于平台的生态系统。前者表现为单向的线性特性，后者表现为双向的网络特性。所谓平台，指的是产业中由企业建立的新型基础设施，该基础设施以数字化平台为基础，面向产业上下游客户开放，提供信息设施、交易结算、资源聚集、信息汇集等方面的丰富功能，实现资源共享、价值共创，提高双边客户的生产经营与交易活动的效率。所谓生态系统，指的是平台和参与平台商业活动的各类主体，这些主体之间相互合作与竞争，形成网络上的虚拟产业集群。

互联网上的集群化，是数字化深入推进的必然趋势，它扩大了企业合作和交易的地域范围和供需匹配边界，表现出更加强大的规模经济和范围经济特征，推动了网络上的集群现象。第一，网络上的集群促进了企业的专业化。企业采购受地域的制约在弱化，可以在全球更大范围内寻找意向性合作伙伴，因此，具有细分市场优势的专业化企业获得更大的发展优势。第二，网络上的集群促进了市场竞争，网络上的产品和服务的成本与价格趋于透明化，有利于降低成本。第三，网络上的集群形成了完整的产业生态，各类市场主体都可以通过网络以较低成本获得合作伙伴和市场服务，产业各环节的服务业也因此繁荣兴旺。第四，网络上的集群增加了产业的协同创新。企业间通过网络加强技术和供应链合作，通过开放式创新，加快整个产业的创新步伐。

平台的作用越来越显著，也是数字化深入推进的必然发展趋势。在产业生态中，平台一般出现在规模经济最显著的环节。平台的双边市场特征进一步放大了规模经济特性，导致了更多的“赢者通吃”现象。大数据、智能化将网络效应扩散到更多领域，特别是传统的制造业领域。从过去的互联网发展历程看，交易基础设施的平台化现象最为突出，例如阿里巴巴、京东等，这些电子商务平台为广大中小企业提供了市场机会、交易机会，并大幅降低了运营和交易成本。随着网络约租车、网络订餐、在线短租、移动支付、网络直播、在线教育、在线医疗等业务的兴起，越来越多的服务业也出现平台化趋势。当前，制造业也开始出现平台化趋势，三一重工、海尔、航天云网都在探索工业互联网平台发展的新战略。这些平台远远超出了交易环节，其功能体现在数据、知识和能力方面。

产业重构带来了产业结构和市场力量的重大变化。产业结构的变化表现在市场参与者的变化以及参与者之间关系的变化，通常会出现一些新的参与者，例如一些企业借助互联网思维参与到产业中来。市场力量的变化表现在多个方面，最突出的现象是传统意义上的整机企业的作用被平台削弱。整机企业是传统产业的整合者，利用品牌优势、规模优势领导产业发展。整机企业如果不能转化为平台，就可能被新的平台企业整合，成为平台企业主导的生态网络的一个节点或环节。未来产业的竞争将从产业链之间的竞争转向基于平台的生态系统之间的竞争。

2. 基于数据分析的智能化

各行业各领域的数字化转型产生了海量数据。例如，将企业生产经营过程进行数字化，可以获取大量关于企业、产品、用户的数据，这些数据来自采购、生产、营销、用户使用、产品研发、企业管理等各个环节，也来自外部企业或政府开放数据。典型的大数据来源，一是在产品制造环节，智能制造过程中形成的海量数据；二是在用户使用产品环节，产品使用状态和用户行为都会产生海量数据。

大数据技术助力了智能化发展。以大数据为基础，机器学习特别是深度学习的发展，使产业的智能化水平不断提高。隐含在大数据中的隐性知识逐步固化为显性知识，对产业和企业变革都将产生重大的影响。

基于数据的智能化会带来新业态、新模式。企业数据的聚合与挖掘，成为产业中的重要组成部分。数据的智能化业务，不仅产生大量的增加价值，还会导致业务融合的新业态和创造价值的新模式。例如，基于工业互联网平台上大量中小企业的数据，就可能催生供应链服务、咨询服务、租赁服务、金融服务等新业态。

人工智能技术正成为产业重构的重要力量。随着数字化技术的深入应用，部分产业环节变成了数据的汇集点，也可能出现新的服务平台、新的数据整合者。大数据与人工智能技术的结合，可能形成新的市场力量，在“赢者通吃”的规律之下，高智能化的产业环节可能形成新的产业平台，进而重构产业生态。

数据的市场力量逐步显现。数据的力量，首先体现在价值创造上，即利用数据不断创造增加价值；其次体现在垄断性上，特别是平台企业独占数据获得了信息优势，在产业生态中具有优势地位；最后体现在政企关系上，政府为了加强监管，必然要与数据拥有者合作，甚至借助企业的力量对行业进行监管。

3. 基于产业融合的服务化

一是制造与服务的融合。工业时代的标准化产品，在数字化时代将以个性化为主。对于大多数产品，未来都将实现数字化、网络化和智能化，即在产品中嵌入计算模块、通信模块和智能分析模块，产品在全生命周期内与企业保持在线联系，实现功能升级、预测性维护和远程服务，用户对这类产品将会从购买标准化产品向购买个性化服务转变。对于少数非智能化产品，厂商也将利用大数据为客户提供个性化、定制化的高价值服务，而不是简单地销售标准化产品。由此可见，服务将在制造业当中发挥主导作用，服务也将成为引领制造业的关键环节。

二是产销共创。在数字化转型大势下，用户也从被动的购买者变成产业价值的创造者。部分用户拥有丰富的产品使用经验和产品想象力，用户在线交流群也成为产品知识的交汇地。随着部分企业开放产品研发、生产和使用平台，用户也得到参与价值创造的机会。由此，传统的企业内部创造价值并通过市场销售模式，可能演变为企业与外部用户共同创造价值的模式。公司与用户合作、分享经验并实现价值共创，实现高质量的交互融合，正在成为提升企业核心竞争力的新源泉。

三是共享经济。网络上的平台和产业集群，促进了共享经济的发展。共享经济也将重构产业生态，出现去中介化和再中介化的过程。例如共享经济打破了劳动者对商业组织的依附，他们可以直接向最终用户提供服务或产品；个体服务者虽然脱离商业组织，但为了更广泛地接触需求方和更多地利用资源，他们需要加入新的共享经济平台。

（三）数字化转型为经济增长和国际贸易注入强劲动力

创新驱动是现代化经济体系的原动力。数字技术是全球创新最频繁、创业最活跃、风投最集中的领域；数字技术与实体经济的深度融合则催生出一批新业务、新应用、新模式、新业态，继而推动新旧动能接续转换，不断提高传统产业的数字化、智能化水平，最终为经济发展注入新的动力。

一是数字化转型改变了国家要素资源禀赋结构。数字化转型推动数据资源以每年 40% 的速度增长，让数据成为继土地、劳动力、资本和管理等要素之后的新型关键要素和战略资产。更重要的是，数据资源具有的取之不尽、用之不竭、可复制可共享的特性，打破了传统生产要素供给有限对经济增长的制约，也为打破传统发展路径提供了可能。例如，电信、医疗、电力、金融等数字化领先行业，基于丰富的历史数据，通过大数据分析，在客户行为分析、精准营销、广告推送、库存管理、信贷保险等方面都涌现出不少成功案例，各行各业主动应用数据支撑企业决策和生产优化，以便更好地服务客户的意愿显著增强。

二是数字化转型引发了市场交易模式的变革。互联网尤其是移动互联网的广泛渗透和普及，打破了传统市场交易的地理位置和交易时间的限制，拓展了交易边界和交易类型，大大降低了市场搜寻成本，交易的个性化、长尾化和便捷度、满意度空前提高，随时随地在线交易日益成为不可或缺的交易模式。随之伴生的现代物流、网络支付、在线信用等也开始向线下延展，并倒逼传统商超、便利店、水果店、餐馆、服装店等商业业态的数字化转型和效率提升，把线上交易和线下交易结合的优点充分释放出来，进而引发整个市场交易流通模式的新变革，提高了资源配置效率和分配效率。

三是数字化转型提高了经济全要素生产率。数字技术作为一种通用目的技术，广泛应用到经济社会各行各业，重塑了经济结构，优化了资源配置，促进全要素生产率的提升，为经济增长注入了新的活力。在固定宽带方面，世界银行测算报告表明，固定宽带人口普及率每提升10%，可带动发展中国家GDP增长1.38%。中国社会科学院《F5G：撬动中国经济新动能——千兆固网社会经济效益研究报告》的测算结果显示，建设千兆固定宽带网推动中国的全要素生产率增长率从2019年的0.12个百分点上升到2025年的0.46个百分点。在移动宽带方面，GSMA《移动经济2020》报告表明，2018年全球移动生态系统在提升全要素生产率方面创造了2.53万亿美元的经济价值，占当年全球GDP的2.9%。数字化转型潜力巨大，世界经济论坛《数字化转型倡议报告》指出，2016年到2025年的十年间，各行业数字化转型有望带来超过100万亿美元的产业价值和社会价值。

四是数字化转型加深了经济全球化的发展。“互联网让世界变成了‘鸡犬之声相闻’的地球村”，拉近了国与国之间的距离，大大促进了商品、资本、技术、信息在全球范围内的流动和配置，包括传媒、视听、金融、电信、创意、设计等服务的跨境提供越来越多，尤其是数据资源流动超越了传统的物理交易，成为全球经济的黏合剂，使世界各国经济相互依存、相互影响，由此催生出以数字贸易为代表的贸易新形态，也进一步推动了经济全球化。数字贸易降低了贸易门槛，带来新的全球分工，创造新的发展机会，尤其是中小企业可以借助网络开拓国际市场，参与分享全球化红利。

在货物贸易方面，依托数字技术推动传统货物贸易方式升级改造，跨境电商平台、智慧物流、跨境电子支付、云计算平台等新模式加速了贸易方式的数字化进程。在这方面的典型业态是跨境零售电商，按照阿里研究院的预测数据，2018 年全球跨境电商 B2C 市场规模达到 6750 亿美元，预计 2020 年将达到 9940 亿美元，年均增速接近 30%，远超过传统货物贸易增长速度。当然，为适应跨境货物贸易方式的变革，众多国家在单一窗口、快递包裹、检验检疫、外汇管理等方面创新监管模式和体制机制，加快在线受理和审批速度。

在服务贸易方面，凡是可以数字化的产品和服务，例如视听媒体、文化娱乐、电信服务、研究开发、保险服务、金融服务、知识产权、在线教育、远程医疗、管理咨询等，都可以通过互联网实现跨境远程交付，由此推动服务贸易迅猛增长。按照联合国贸发会议（UNCTAD）统计，2008～2018 年，全球数字交付贸易出口规模从 1.84 万亿美元增长到 2.93 万亿美元，年均增长 5.8%，比服务贸易出口增速高出 2 个百分点，在整个服务贸易出口中的占比从 45.7% 提高到 50.2%。随着越来越多的服务变得可以贸易，WTO 预计到 2040 年，服务贸易在全球贸易中的比重将从目前的 1/5 提高到 1/3 左右。

（四）数字化转型要求加快制度和规则重塑步伐

数字技术应用在重塑要素体系、市场交易体系、传统产业体系和国际贸易规则的同时，也给现代经济社会发展带来了一系列挑战。几个主要挑战如下。

一是对准入和竞争政策的挑战。数字技术与实体经济的深度融合，衍生出一大批新产品或新服务，容易理解它们肯定具有不同于传统的产品或服务的特征。例如无人驾驶汽车不同于传统汽车，对应的准入制度、道路规则和驾乘制度都需要重构。再如网约车不同于出租车，它通过构建网络平台，整合社会闲散资源为社会提供弹性预约的信息服务，那么对网约车平台的准入监管肯定不同于出租车监管。此外，网络平台在网络效应的作用下，往往在市场中处于主导地位或者一家独大，这有助于发挥规模经济效应，但也可能存在滥用市场支配地位的情形，如何针对数字经济构建与之配套的反垄断和反不正当竞争规则就提上了议事日程。

二是对数据治理的挑战。各行各业的数字化转型催生了海量数据，这些数据既有制造流程、工艺参数等生产数据，也有产品流通和销售数据，还有用户在网络平台上交易或互动留下的个人数据，当然政府行政审批和公共服务的在线化，也产生了大量政府数据，这些数据的采集来源、敏感程度、经济价值各不相同，必然要求采用不同的规则予以治理。截至目前，至少在数据采集、数据资源权属、数据资产定价、数据流通和交易规则、数据跨境流动、个人数据保护、政府数据开放、数据安全等方面尚缺乏成体系的治理规则，由此也引发了各方面对数字化转型的担忧。

三是对公平发展的挑战。任何技术都是双刃剑，数字技术也不例外。尽管数字技术的广泛应用带来了数字红利，给拥有数字技能的人群带来了巨大的发展机遇，但也可能将缺乏数字技能的老年人、残疾人以及偏远地区的人群抛弃在数字时代之外，形成“数字鸿沟”。一方面在网络部署方面，诸多国家尚未实现人口全覆盖，这要求健全普遍服务机制，加大投入力度；另一方面，要想利用数字经济，就必须越过“知识门槛”，掌握基本的数字技能，否则将存在个体间的两极分化。此外，数字技术“赢者通吃”的特性，还将造成企业间极大的收益差距，更将拉大国家间的贫富差距。

四是对贸易规则的挑战。由于各国的数字化进展不一，导致各国数字经济和数字贸易的发展程度不一、理解不一，而且各国对传统货物监管、服务业的准入监管本来就存在巨大差异，例如面对数字化转型带来的数据跨境流动、计算设施本地化、源代码披露、数字服务税、平台侵权责任、个人数据保护、网络和数据安全、在线谣言治理、儿童保护等新兴问题，目前各国在贸易规则上的分歧远大于共识。尽管 WTO 启动了电子商务谈判，但在多边体系下规则构建步伐远远滞后于发展需要。可以说，国际贸易规则亟待顺应趋势，加快重构步伐。

五是对经济安全的挑战。传统实体经济的工厂在物理实体上相互隔离，安全问题主要集中在生产安全方面。数字技术与实体经济深度融合后，之前相互独立的信息系统变得高度互联、相互依赖，再加上数字技术天然存在的网络安全和数据安全问题，导致安全问题更加复杂化，包括网络设备商、业务运营商、实体经济部门都面临着潜在的安全风险。尤其对于金融、交通、电信、能源、水利等关系国民经济命脉的重要领域来说，安全问题的叠加和传导将直接威胁到国民经济的平稳运行甚至国家安全。因此，需要妥善处理好发展与安全的关系，坚持系统的观点、合作的理念，共同治理网络空间面临的各种安全挑战。

三、主要国家拥抱数字化技术加快转型的举措

近年来，全球主要国家纷纷把加快数字化转型、壮大数字经济作为抢占经济发展制高点、赢得未来战略主动权的优先事项和关键领域，并出台战略规划和支持政策，聚焦网络基础设施、关键技术产业、业务监管政策、数据资源治理、数字贸易规则等重点方面，加大政策调整和重塑力度，以让数字经济红利得到充分释放，进而实现创新发展、提升企业竞争力、提高劳动生产率和创造就业岗位的多重目标。

（一）加快数字化转型已成为国际组织关注热点

数字化转型已是大势所趋，其对国际经济社会发展的影响日益凸显。OECD《数字经济展望》报告显示，到 2019 年，几乎所有的 OECD 成员国家都制定了国家战略或者部门政策，构建了数字经济国家战略框架。从战略内容上看，各国政府均力图通过发展数字经济，全面促进经济社会健康发展。从战略重点上看，主要包括发展网络基础设施、发展信息通信技术（ICT）产业、建设数字政府、推动商业部门及中小企业应用 ICT 服务、关注卫生医疗、交通运输及教育部门、提升国民数字技能、加强数字身份和隐私安全，以及利用数字技术来解决监管、气候变化等全球性挑战。欧盟早在 2015 年就发布了《欧洲数字单一市场战略》，主要任务包括为消费者和企业提供更好的跨境网络接入，为先进的数字网络和创新服务提供适宜的条件和公平竞争的环境，最大化

释放数字经济的增长潜力，对数字单一市场进行投资等。

国际组织也纷纷围绕数字化转型发布报告或提出政策建议，供各国吸纳。例如，世界银行旗舰报告《世界发展报告》2016 年的主题是“数字红利”，提出数字技术在促进增长、扩大机遇和改善服务方面带来许多具有变革性的深远影响；但要想让数字技术惠及全体人民，各国还须采取配套措施来缩小依然存在的数字鸿沟。2019 年报告的主题则定位于“工作性质的变革”，指出技术不仅在改变人的工作方式，而且也在改变人的工作条件，创造出更多非传统性工作和短期“零工”，机器人数量迅速增加更引起了对工作岗位流失的恐慌；要适应工作性质的变化，就需要调整社会保障制度和教育培训体系。此外，世界贸易组织《2018 年世界贸易报告》的主题是“展望新时代共享数字贸易未来”；国际货币基金组织 2018 年则举办数字经济统计测度专题研讨会。

（二）欧美国家竞相出台数字经济发展战略或规划

美国是网络强国，持续加强政策布局，引领数字经济发展潮流。早在十年前，美国就提出智慧地球、智能电网、开放政府数据的新概念，近几年随着数字化转型向各个领域拓展，又陆续针对先进制造、大数据、高性能计算、机器人、物联网安全等领域逐个进行战略布局。2015 年美国商务部提出《数字经济议程》，提出把发展数字经济作为实现繁荣和保持竞争力的关键着力点，聚焦打造自由开放的互联网、增强互联网信任和安全、提升互联网接入和国民技能、促进创新和新兴技术等四个目标。在云计算方面，2010 年，美国联邦政府制定了第一个名为“云优先”（Cloud First）的云战略；2018 年美国政府重新制定了云敏捷战略，该战略让各机构采用可以简化转型并拥抱具有现代化能力的云解决方案。在大数据方面，2016 年美国发布《联邦大数据研发战略计划》，从新兴技术、数据质量、基础设施、共享机制、隐私安全、人才培养、相互合作等七个方面进行布局；2019 年 12 月美国白宫新发布了《联邦数据战略与 2020 年行动计划》，以 2020 年为起始，联邦数据战略描述了美国联邦政府未来十年的数据愿景，并初步确定了各政府机构在 2020 年需要采取的关键行动。人工智能方面，2016 年白宫连续发布 3 份白皮书（《国家人工智能研究和发展战略计划》《为人工智能的未来做好准备》《人工智能、自动化与经济》），从制度、细则、社会等方面提出应对人工智能变革的策略；2020 年 1 月，美国白宫发布《人工智能应用监管指南备忘录（草案）》，该备忘录从监管和非监管层面提出了人工智能应用相关原则和建议。

欧洲多国也加强了数字经济的战略布局。英国政府早在 2009 年就出台了《数字英国》计划，主题是通过改善基础设施、推广全民数字应用、提供好的数字保护等；2015 年发布了《数字经济战略（2015—2018）》，将数字经济的发展重点放在调整和升级产业结构的战略性地位上，包括鼓励企业进行数字化创新，建设以用户为中心的数字化社会，促进基础设施、平台和生态系统的发展等。德国是制造强国，面对数字技术的迅猛发展，德国政府在 2013 年提出了“工业 4.0”，以充分挖掘信息技术促进工业发展的潜力，抢抓新工业革命的先机；2015 年德国发布《数字化战略 2025》，针对 2016～2025 年德国经济数字化转型，提出了十大行动步骤；2018 年又出台《高技术战略 2025》，明确德国未来 7 年研究和创新政策的跨部门任务、标志性目标和重点领域，旨在加大促进科研和创新力度，加强德国核心竞争力，保障可持续发展。

（三）加快构建以“双千兆”为目标的宽带基础设施

一是刷新宽带发展目标，瞄准建设固定和移动“双千兆”网络，打造吉比特（Gbit）接入社会。随着宽带网络技术和应用的迅速发展，主要国家纷纷调高宽带发展战略目标，让每个人都能充分参与数字经济。固定宽带方面，欧盟 2016 年 9 月通过《欧洲吉比特社会连接战略》，提出到 2025 年为包括学校在内的所有公共场所及企业单位提供 1Gbps 的传输能力，并确保欧洲所有家庭至少有 100Mbps 接入速率。部分欧盟成员国也设定了同样的目标，例如德国《数字化战略 2025》规划到 2025 年实现 1Gbps 光纤网络接入。移动宽带方面，5G 网络将传输速率提升到千兆比特每秒以上，欧盟 2016 年启动“第五代移动通信（5G）行动计划”，预计 2025 年 5G 信号覆盖所有城区和铁路、公路沿线。英国 2017 年发布《下一代移动通信技术：英国 5G 战略》；美国率先为 5G 统一分配大规模高频频谱资源，2018 ~ 2019 年已开启 5G 商用。

二是调整宽带发展重点，从网络规模部署向宽带普遍服务延伸，惠及每片国土和每个国民。一方面，缩小城乡数字鸿沟，改善薄弱地区网络覆盖。2019 年 8 月 1 日，美国联邦通信委员会（FCC）提议设立 204 亿美元的农村数字机会基金，为农村家庭和缺乏高速固定宽带服务的小企业提供高速固定宽带服务，2020 年 1 月 30 日，FCC 投票通过建立农村数字机会基金框架。德国政府推动 700MHz 频谱用于农村地区移动通信网络连接，解决农村“空白”区域的宽带网络覆盖难题。印度提出 2016 ~ 2017 年在 25 万个农村行政委员会覆盖光纤宽带网络，到 2020 年高速率和高质量宽带接入所有农村；另一方面，力推学校、图书馆等公共服务场所的宽带覆盖。美国通过 E-rate 计划每年发放超过 20 亿美元用于学校和公共图书馆升级网络和提高 WiFi 覆盖率，提出 2018 年让全美 99%

的学生连接至高速网络。欧盟千兆目标首先覆盖学校、公共服务等重要场所。

三是强化宽带政策支持，加大财政投入和创新机制并重，激发市场主体投资积极性。一方面，投入财政和地方资金加大宽带网络建设力度。欧盟提出发展“5G 垂直产业”，并成立 10 亿欧元的 5G 创投基金，聚焦智能工厂、智能医疗、绿色节能等产业。《数字英国 2017》提出将拿出 7.4 亿英镑来支持下一代通信网络建设。德国《数字化战略 2025》提出到 2025 年计划投资 1000 亿欧元用于光纤网络扩张。另一方面，创新宽带投资机制，吸引各类资本进入。国际电联呼吁通过政府社会资本合作（PPP）、共享网络、联合投资等多种模式，吸引多种主体、多方资金参与宽带网络投资。以 PPP 模式为例，ITU 推荐公共 DBO（设计、建设和运营）、私人 DBO、政府外包、合资公司和社区等五种模式吸引私人资本参与宽带网络建设。

（四）着重强化技术研发支持和监管政策调整

主要发达国家在人脑研究、智能机器人、人机交互等基础研发领域加大支持力度，包括提供资金、技术与人才保障。以最前沿的人工智能领域为例，2013 年奥巴马政府时代就启动了“大脑研究计划”，联合高科技企业、高校、科学家共同参与，投入超过 15 亿美元用于该计划研究。2013 年，欧盟也启动了为期十年的“人脑计划”，宣布投资 12 亿欧元，研究脑部疾病治疗手段，搭建信息通信技术平台，汇集全球神经科学数据，设计出能够解释这些数据的模型来模拟人脑。在智能机器人研究领域，欧盟委员会与欧洲机器人协会 2014 年启动了全球最大的民用机器人研发计划（SPARC），研究机器人在制造业、农业、健康、交通等领域的应用。韩国 2008 年出台了《智能机器人促进法》，将机器人列为国家级战略性产业，2012 年又发布了为期十年的《机器人未来战略 2022》。在人机交互系统研发领域，美国《机器人发展路线图》指出要鼓励增加人机交互领域的研究工作，提高人工智能的应用程度。日本 2015 年《机器人新战略》要求实现“机器人常态化”全覆盖，在不同领域推广机器人的使用，跨部门灵活使用机器人。

除了支持基础研发投入外，主要发达国家还特别注重松绑行业监管政策，激励创新型技术的商用转化，这一点在美国特别明显。例如在人工智能领域，美国国防部高级研究计划局（DAPRA）自 2010 年起即开始长期扶持人工智能技术在各领域的应用。2015 年发布的《美国国家创新战略》中，明确提出支持先进制造、精密医疗、大脑计划、先进汽车、智慧城市、清洁能源和节能技术、教育技术、太空探索和计算机新领域九大应用领域。在智慧医疗方面，2017 年美国就放宽条件，允许医疗影像诊断先行使用，并取得许可。在自动驾驶领域，谷歌公司推出自动驾驶汽车以后，早在 2012 年内华达州就发布了允许自动驾驶车辆开展路测的文件，宽松的监管制度吸引世界各地的企业到美国开展路测。仅在加利福尼亚州，就有德国宝马、日本丰田、我国百度等数十家企业取得了路测许可。美国自动驾驶技术和产业发展迅速，及时调整法律与监管政策是其中一个重要原因。

（五）探索构建网络数据治理规则

全球数据爆炸式增长，如何健全数据治理规则成为各国面临的普遍性难题，欧美国家加快步伐，已率先尝试提出了治理思路和举措。

欧盟素有保护个人权利的传统，率先在全球树立个人信息保护高标准。

早在 1995 年，欧盟便提出了《数据保护指令》，为欧洲国家在个人数据的立法问题上设立了最低标准参考。2015 年，欧盟司法及内政事务部长级会议达成共识，酝酿《通用数据保护条例》(*General Data Protection Regulation*, *GDPR*)，针对企业在收集和利用个人数据方面制定“严格”的规则。2016 年欧盟 GDPR 最终获得通过，并设置两年缓冲期，于 2018 年 5 月 25 日正式生效实施。《欧盟数据保护通用条例》继续坚守保护公民基本权利理念，全面提升个人数据保护力度，开创性引入数据可携权、被遗忘权，并特别针对大数据背景下的数据分析、画像活动，予以严格规制。从业界观点来看，GDPR 虽然描绘了大数据时代个人数据保护的新秩序愿景，但自身尚有很多未厘清的问题，尤其是针对备受瞩目的新型权利如“被遗忘权”“数据可携权”的不完善规定，以及对云计算、人工智能、区块链等数字创新和新技术应用的乏力回应，都引发了人们对欧盟数据治理方案的巨大争议。

美国务实推进个人信息保护，同时强化境外数据的长臂执法立法。备受关注的《加州消费者隐私保护法案》2020 年 1 月生效，其中明确了消费者在个人信息保护收集过程中享有知情权，企业必须披露所收集的信息、目的及共享信息的第三方，还明确了消费者拥有选择不予出售其个人信息的决定权，此外还明确了未成年人保护规则。但与欧盟的明示同意不同，加州采取了默示同意制度，由此降低了企业获取个人数据的成本，继而为商业模式创新提供了更大的空间。对于境外数据，2018 年美国出台《澄清数据合法使用法案》(CLOUD)，赋予美国政府调取存储于他国境内数据的权力，或者说赋予了长臂管辖的权力。对于跨境数据流动，美国一直持“自由流动”立场，并在近日生效的美国与墨西哥、加拿大三方签署的贸易协定(USMCA)，以及美国—日本数字贸易协定中得以实践，力图在全球范围内推行美国版数据流动规则。

（六）提前加强伦理、道德、算法等问题的前沿部署

对于数字化转型尤其是人工智能技术发展所带来的一系列潜在的新问题，各方面都予以高度关注。2015 年联合国教科文组织和世界科学知识与技术伦理委员会联合发布报告，在机器人伦理道德准则的实践中，指出了人工智能的进步以及其带来的社会与伦理道德问题，提出机器人以及机器人技术造成的伤害很大部分可由民法中产品责任的相关法律进行调整。2016 年 12 月电子电气组织（IEEE）发布《合伦理设计：利用人工智能和自主系统最大化人类福祉愿景》报告，指出如何将人的道德和伦理准确地嵌入机器中，以及面临道德困境时如何决策，都是极具挑战性的任务。美国提出应提高人工智能系统的公平性、透明性和可责性，确保人工智能系统及应用做出的决策与现有的法律、社会伦理观念一致，并妥善应对人工智能带来的安全挑战。在法律责任分担方面，联合国教科文组织提出《关于机器人伦理的初步草案报告》，对机器人的责任进行了探讨，提出采取分担责任的途径，让所有参与到机器人的发明、授权和分配过程中的人来分担责任。日本对机器人应用的具体问题制定的管理方针，包括建立中心数据基地来储存机器人对于人类造成伤害的事故报告等。此外，还要避免机器算法无意之间带来群体歧视等特殊问题。

四、我国大力推动数字化转型和融合发展的探索

数字技术是这个时代最具发展活力的领域，蕴含着无可估量的经济潜力。

我国与国际社会一样高度重视数字机遇，为加快释放数字技术应用的巨大潜能，构筑数字化转型新优势，整体上采取鼓励创新、包容审慎的态度，营造良好的市场环境，充分激发市场主体创新创业的积极性、主动性与创造性，让数字红利得到充分释放。但总体上还以产业支持为主，对于配套的制度调整还有进一步改进或完善的空间。

（一）全面加强国家战略谋划和行动指引

一是在战略上强化顶层部署和规划指引。2016 年出台的《国家信息化发展战略纲要》《“十三五”国家信息化规划》为我国网络安全和信息化事业的发展提供了根本遵循和行动指引。同时，国家还围绕数字经济发展所涉及的各个层面、各个环节密集出台了一系列政策文件，以推动战略落地实施。在感知层，出台《关于推进物联网有序健康发展的指导意见》《关于深化“互联网 + 先进制造业”发展工业互联网的指导意见》，大力推进物联网、工业互联网在传统产业中的深度应用。在网络传输层，陆续出台《关于加快高速宽带网络建设推进网络提速降费的指导意见》《关于全面推进移动物联网（NB-IoT）建设发展的通知》，加快宽带网络演进升级，大力提升宽带网络承载能力和性价比。在计算设施层，发布《关于促进云计算创新发展培育信息产业新业态的意见》《促进大数据发展行动纲要》《新一代人工智能发展规划》，牢牢把握战略主动，构筑我国人工智能发展的先发优势。在行业应用层，出台《关于积极推进“互联网 +”行动的指导意见》，以“互联网 +”为总牵引，推动与农业、制造业、能源、物流、金融、交通、环保、医疗、政务等领域的深度融合，构筑经济社会发展新优势和新动能。

二是在战略重点上加强核心技术研发支持和融合应用。网络信息技术领域日新月异，我国正处于从跟跑并跑向并跑领跑转变的关键时期，为夯实产业根基，提升核心竞争力，把发展主动权掌握在自己手里，国家在各类产业规划的重点任务中，始终把核心技术研发作为关键内容。发挥我国整体优势，以体系化思维弥补单点弱势，带动集成电路、基础软件、核心元器件等薄弱环节实现突破，积极争取并巩固5G新一代移动通信、下一代互联网等领域领先地位，构筑移动互联网、云计算、大数据、物联网、人工智能等领域比较优势。同时，推动智能互联技术与实体经济在发展理念、产业体系、生产模式、业务模式等方面全面融合，发挥互联网聚集优化各类要素资源的优势，构建开放式生产组织体系，大力发展个性化定制、服务型制造等新模式，改造提升传统动能，培育新的经济增长点。

三是在政策举措上强化综合政策支持。首先，考虑到新一代信息技术创新活跃，技术路线看不清楚，传统的纵向选择性产业政策的弊端非常突出。国家创新政策工具，主要是国家注资设立产业发展基金，采用市场化运营机制，如国家集成电路产业投资基金交由专业团队运营，支持骨干企业缓解资金瓶颈，匹配产业链上下游供需信息，推动产业整体突破和跨越式发展。其次，在参考国际经验基础上，设立制造业创新中心或创新示范区、设立新一代人工智能重大科技专项和国家级人工智能平台，重点支持一批工业互联网平台，这一方面激励了先行地区或企业的创新发展，但另一方面未入选地区或企业的积极性也会受到打击，甚至在业务发展时还面临新的推广成本。最后，完善支持政策环境，包括开始启动政务数据资源的开放共享，加强网络知识产权和专利执法维权工作，支持组建开源社区，鼓励企业依托互联网开源模式构建新型生态等。

（二）全力构筑质优价廉的宽带网络基础设施

“一切发展为了人民。”为更好地造福社会、造福人民，扩大网络接入，近十年来我国充分运用好市场和政府两个力量降低部署成本。

一是打破垄断以市场竞争促进网络基础设施建设。从 20 世纪 90 年代开始，我国就开启了打破电信垄断的改革历程，通过政企分离、市场重组、企业改革，推动电信市场形成了多家主体相互竞争的格局。2009 年我国发放 3G 牌照，支持 TD-SCDMA 技术创新发展，借助全球移动网兴起大潮，带动我国互联网产业加速向移动端迁移。2014 年，国家又发放 4G 牌照，鼓励电信企业争相部署先进移动宽带网络来吸引用户，高速的宽带网络为网络约租车、移动支付、网络直播等新业态提供了关键载体。

二是有效发挥政府作用，既强化政策支持，又加大监管力度。近些年，为了加快入户线路的光纤化改造，政府主要通过制定光纤入户建设强制性标准，在新建小区直接铺设到位。为加快移动网络部署，推动三家电信企业的铁塔设施共建共享，组建了专业的铁塔公司，降低站址成本，强化基础企业在业务层面的竞争。为构建高速移动宽带网络，2015 年国家又全面实施宽带网络提速降费行动，推动国有电信企业加大基础设施投资，截至 2019 年已建成了全球规模最大、性能优越、物美价廉的高速宽带网络。此外，还实施电信普遍服务试点，加快农村及偏远地区网络建设，缩小区域和群体间的数字鸿沟。

（三）加快推进数字技术与实体经济深度融合

促进数字技术和实体经济融合发展，加快新旧发展动能接续转换，打造新产业新业态，是各国面临的共同任务。近年来，围绕推进供给侧结构性改革，发挥数字技术对全要素生产率的提升作用，我国先后出台了《关于深化制造业与互联网融合发展的指导意见》《国务院关于深化“互联网 + 先进制造业”发展工业互联网的指导意见》等国家级文件，推动制造企业与互联网企业在发展理念、产业体系、生产模式、业务模式等方面全面融合；聚焦发展智能、绿色的先进制造业，加快建设工业互联网网络基础设施和平台，构建人、机、物全面互联的新型工业生产制造和服务体系。当前，正在大力推进人工智能与实体经济的深度融合。

我国还大力推进简政放权改革，开展大规模减税，有效降低制度性交易成本，激发创新创业，让企业轻装上阵。依托庞大的市场需求、充沛的资金来源和大量优秀的工程师人才，我国在“互联网 +”业务创新、大数据业务应用、分享经济、人工智能新产品新模式等方面处于蓬勃发展状态。截至目前，我国网络零售、移动支付、社交网络、网约车等业务规模位居全球第一，数字经济总量全球第二。

（四）坚持包容审慎监管为新业态发展留足空间

随着数字技术在各领域深度应用，产业变革和企业变革在进一步深化，跨界融合广度、深度、速度都在拓展，由此培育起一批新产业、新业态、新模式。鉴于这些新生事物在很多方面与传统经济有很大不同甚至完全不同，监管就不能套用老办法，否则就会削足适履、就可能将其扼杀在萌芽状态。或者说，监管制度的调整、创新和重构已经势在必行。

我国本着鼓励创新、坚守安全质量底线的监管思路，提出要区分不同情况，量身定制包容审慎监管模式和标准规范，营造宽松开放的市场准入环境，鼓励大众创业万众创新，对符合发展方向的，予以规范引导；对潜在风险很大，特别是涉及安全和可能造成严重不良社会后果的，及早发现问题和采取措施。

近些年来，我国坚持包容审慎、发展与规范并重的原则，允许新生事物试一试、看一看，给予其萌发机会，微信、移动支付、网约车等新业务都受益于这一政策框架，例如，2019 年底微信活跃账户数达 11.51 亿户，码上经济规模已达到 8.58 万亿元，带动码上经济就业机会 2601 万个，自 2014 年以来带动就业年均增长约 22%，成效斐然。同时，我国还坚守服务质量、用户保护和网络安全底线，针对网络约租车、互联网金融、互联网医疗等新业态，实施分类监管，陆续推出了一系列“量身定做”的监管政策，从业务界定、市场准入、运营规范、信用体系、责任界定、网络安全、用户权益、管理机制等方面提出了一系列要求，对潜在风险很大的业务应用，加强预评估并做好跟踪监测，且随着业态发展和社会关注热点变化而更新管理要求。

（五）积极促进跨境电子商务和数字贸易

数字技术拉近了国与国距离，空前地降低了贸易成本，让各国经济关联更加紧密，是新一轮经济全球化的关键驱动力。经过 20 多年的积极推进和创新发展，我国已经成为全球规模最大、发展速度最快的电子商务市场，在移动支付、物流包裹、诚信体系等方面，已形成或积累起丰富的经验，到 2019 年底，网上零售额占全社会消费品零售总额比重达到 25.8%。

2015 年，我国首先同意设立中国（杭州）跨境电子商务综合试验区，旨在跨境电子商务交易、支付、物流、通关、退税、结汇等环节的技术标准、业务流程、监管模式和信息化建设等方面先行先试，通过制度创新、管理创新、服务创新和协同发展，破解跨境电子商务发展中的深层次矛盾和体制性难题，打造跨境电子商务完整的产业链和生态链，逐步形成一套适应和引领全球跨境电子商务发展的管理制度和规则，为推动中国跨境电子商务健康发展提供可复制、可推广的经验。

到2019年底，我国分四批合计已在59个城市批准设立跨境电商综合试验区。随着全球网购用户的增加，更多传统外贸企业借助跨境电商作为主要的销售渠道，推动跨境电商出口快速发展。同时，在国内消费升级的背景下，巨大的市场需求带动跨境电商快速发展。来自电子商务研究中心的《2019年全球电子商务数据报告》显示，2018年我国跨境电商行业交易规模达9万亿元（含B2B、B2C、C2C和O2O等模式），同比增长11.6%。其中，出口电商交易规模为7.1万亿元，进口电商交易规模达1.9万亿元，同比增长26.7%。随着我国深入推进供给侧改革，进一步扩大开放，主动增加进口，跨境电商还将迎来更大发展空间。

（六）探索政企合作以提升政府服务能力

数字化转型的一个重点领域是政务信息化。顺应全球趋势，国内也围绕促进创新和提升服务能力，强化政企合作。一是开放政务数据资源，北京、上海、广东等地都陆续开放了大量政务数据资源，支持社会机构基于开放数据创业创新。二是积极采购第三方云计算服务，降低数据中心部署和计算成本，同时还采购企业解决方案搭建"数字政府"，让"数据多跑路，群众少跑腿"。三是支持教育、医疗、社保等公共部门与互联网企业合作，提供便民的在线服务。2019 年 6 月，由国务院办公厅主办的“中国政务服务平台”微信小程序正式上线，这是首个全国性的政务服务微信小程序，接入了国家发改委、公安部、教育部、人社部、商务部、市场监管总局等六个部委，并打通了国家政务服务平台的身份认证系统、电子证照系统、统一政务服务投诉与建议以及用户反馈等服务。微信用户通过该小程序，可办理 200 多项政务业务。

但是，我国在数字化转型的政策体系性方面还存在不足，体现在：一是对新技术新业务带来的监管政策考虑总体不足，目前主要集中在技术和产品创新层面，但对于产品上市应用所面临的监管制度这一刚性约束，制度修订跟进总体偏慢，一定程度上束缚了商业化应用步伐；二是对于数字化转型带来的产业变革和企业变革估计不足、应对不力、缺乏统筹，突出表现在新业务与旧业态之间矛盾重重，比如网络约租车、互联网医院、智能驾驶等对传统业态的冲击，对于如何平衡新旧业态的发展统筹不足；三是对于伴随新技术出现的各类新问题，如标准认证、伦理困境、法律责任空白、道德考量、隐私保护、平台责任、权益保护、网络与信息安全等缺乏配套政策应对。

五、进一步释放数字红利和促进经济发展的着力点

数字化转型正在全方位重塑世界经济体系和经济治理模式，顺应技术发展趋势，抓住数字机遇，用好数字红利，应对数字挑战，除了深化改革外，还要携手各国共同推动数字经济创新与合作，让发展成果惠及各国人民。建议要重点做好以下几方面工作。

（一）促进网络基础设施建设

网络基础设施是数字经济发展的根基和前提条件，一定要适度超前部署。面对高速率、大连接、低时延的多样化应用场景，一方面需要超前统筹谋划，做好频率、轨道等资源的整体规划，为网络演进提供资源支持；另一方面，营造竞争导向的市场化环境，激励不同企业加快网络部署和演进升级，促进网络层和业务层竞争，实现竞相提高网络速度、降低业务资费。同时，在支持网络技术迭代方面，要鼓励产业链携手推进技术的标准化，做好互联互通，保障网络服务质量。政府不应限制国际先进技术和设备的应用，例如移动通信的5G技术是世界各国共同参与制定的技术标准，是保障全球数字基础设施互联互通的基础，应携手维护设备提供商之间的公平竞争规则。最后，要发挥好政府在缩小数字鸿沟方面的关键作用，弥补运营商在偏远地区部署网络的成本亏损，补贴弱势人群使用网络方面的成本支出，让数字技术红利惠及每一个人。

（二）加大关键核心技术和共性标准支持

核心技术和关键技术是发展数字经济的命门所在。我国在芯片、工业软件、操作系统等关键核心技术领域的差距是历史造成的，国外企业研发积累雄厚，而且同样高度重视新的变革机会，对此我们要有足够认识，不要指望弯道超车、一蹴而就，要放眼长远，一步步来。一方面，要在研发上支持初创企业，坚持“赛马机制”，支持企业走差异化技术路线；推进强强联合，尽力避免本就薄弱的资金摊薄、人才再度分散。另一方面，还要引导产业链上下游相互支持，依托国内丰富的应用场景、庞大的市场空间，从政策上给予国内初创企业一个试用、商业化应用、逐步迭代完善的机会。此外，在共性标准方面，要及时跟进，响应企业诉求，结合各类融合型智能产品或业务应用，在设备规范、认证认可、准入门槛、安全要求、加密标准等方面，推出共性标准，为创新发展划定边界。

（三）对新业态实施包容审慎和敏捷监管

基于互联网、人工智能等新技术的新业态如智能医疗、智能驾驶、金融科技等在很多方面无法适用传统监管体系，对这些未知大于已知的新业态，应当继续采取包容审慎的监管态度，一方面在看不准的时候要给它一个“观察期”，给新业态发展壮大的机会，同时紧密监测其发展动态，对发展中出现的问题加以纠正；另一方面要严守用户权益、服务质量和网络安全等底线。同时，还要维护公平竞争市场秩序，辩证地看待大型数字平台的垄断问题，立足全球竞争，鼓励平台通过创新和改善服务来做大做强，以充分运用规模经济，让资源在更广范围、更多主体之间最优配置，但对于企业滥用其市场支配地位排挤或打压竞争对手的行为，要有明确禁止要求，引导企业强化自律，维护市场活力。针对线上新模式与传统业务之间的竞争问题，不能因为传统业务受到管制而从政策上保护其固有利益、排除外来竞争，而要立足产业变革大势，引导传统业务加快转型升级，最终在市场竞争下走向均衡。

（四）要加快制定数字经济的相关规则

数字经济需要制定新的规则。目前来看，至少应当包括以下几个方面。

是抓紧建立数据治理的法律制度，包括数据权属、数据跨境流动、跨境执法协助、数据开放、数据交易、数据安全、个人信息保护等方面的规则。二是基于数据的生产活动也会对基于传统工业活动的统计、税收体系产生重要影响，需要对传统的统计、税收体系进行适应性改革。三是数据和算法的不当利用可能对社会带来负面影响，需要制定相应规则实现科技向善，让科技更好造福人类。四是协商制定全球数字贸易新规则。在尊重各国网络主权和网络安全的前提下，共商全球数字贸易的新规则，例如在贸易便利化、电子认证互认、数据跨境流动、知识产权保护、税收等方面尽快达成共识，为数字贸易发展建章立制。

（五）加大技能培训与再就业支持

数字化转型对现有就业体系带来两方面冲击，一方面创造了新的就业岗位，如出现了基于网络平台的“零工就业”，网约车司机、家政、快递等劳动力；另一方面人工智能的兴起，预期对程序化、可重复的岗位形成直接替代，带来大批失业。这两方面问题都已引起国内外高度重视。建议及早识别最可能被替代的重复性、程序性、高成本就业领域，并提供就业再培训，比如与职业学校合作提供免费教育等，学习掌握新技能；提供再就业咨询服务，巩固社会保障体系，缓解对就业市场的冲击。同时，灵活就业人员会越来越多，大量人员将以非全日制、临时性和弹性工作等方式实现灵活就业，这与就业机会、技术发展、生活方式等方面的发展趋势密切相关，但灵活就业人员在劳动时间、收入报酬、工作场所、保险福利、劳动关系等方面不同于建立在工业化工厂制度基础上的传统就业方式，需要国家在劳动合同、社会保险、就业保障等方面提供支持。

（六）维护网络和数据安全

数字化时代，线下物理世界和线上虚拟世界已经打通，网络信息安全的影响范围空前扩大。安全是发展的前提，一方面，由于网络信息系统在快速迭代升级，不可能没有漏洞或缺陷，但这些漏洞一旦被不法分子远程精准攻击，其影响难以想象。要加强网络安全态势感知，增强网络信息系统安全防护能力，落实关键信息基础设施防护责任，行业、企业作为关键信息基础设施运营者承担主体防护责任，各相关行业部门履行好自身监管责任。督导企业树立网络安全观，加大安全投入。建立实施网络安全审查制度，对重要信息技术产品和服务开展安全审查，从源头上消除安全隐患。另一方面，加大隐私和个人数据保护力度，设计更富有效率的用户个人信息保护机制，提供数据全生命周期保护。

（七）在国际网络空间治理上加强合作

全球互联网是关键性的数字基础设施，建议各国本着平等协商的原则，完善网络空间多双边对话协商机制，推动建立多边、民主、透明的国际互联网治理体系，构建网络空间命运共同体。共商互联网治理规则、技术标准和国际互联网资源的管理制度制定。建立打击网络犯罪国际合作机制，共同防范利用网络空间进行黑客攻击、恐怖犯罪等活动。

执笔：马　源　马　骏　袁东明

（国务院发展研究中心企业研究所）

参考文献

[1] Broadband Commission for Sustainable Development. The State of Broadband: Broadband as a Foundation for Sustainable Development, 2019-9.

[2] Cisco. Cisco Visual Networking Index Forecast and Trends, 2017 - 2022 White Paper, 2019-2.

[3] Cisco. Cisco Global Cloud Index: Forecast and Methodology, 2016 - 2021 White Paper, 2018-11.

[4] Ericsson, Ericsson Mobility Report, 2019-11.

[5] Gartner. Gartner Forecasts Worldwide Public Cloud Revenue to Grow 17% in 2020, 2019-11.

[6] Goldman Sachs. Artificial Intelligence: AI, Machine Learning and Data Fuel the Future of Productivity, 2016-11.

[7] GSMA. The Mobile Economy 2019, 2019-9.

[8] IDC. Reducing the Time to Value for Internet of Things Deployments, 2016-5.

[9] IDC. The Digitization of the World From Edge to Core, 2017-3.

[10] IHS Markit. the internet of things: a movement, not a market, 2017.

[11] ITU. Planning for Progress: Why National Broadband Plans Matter, 2013.

[12] Mary Meeker. Internet Trends, 2019-6.

[13] OECD. OECD Digital Economy Outlook 2017.

[14] World Bank. Exploring the Relationship between Broadband and Economic Growth, 2015-1.

[15] World Economic Forum, Digital Transformation Initiative, 2018-7.

[16] 曹建峰，马源 . 构建数据和算法新规则 践行科技向善 . 中国经济时报，2019-10-24.

[17] 马源．加强制度创新与政策支持，促进人工智能发展．国务院发展研究中心《调查研究报告》，2018 年第 126 号（总 5401 号）．

[18] 马源．数字贸易国际规则：美国动向与我国策略．国务院发展研究中心《调查研究报告》，2018 年第 127 号（总 5402 号）．

[19] 马源，马骏．构建包容数字经济发展的治理新格局．中国经济时报，2019–10–24.

[20] 马源，屠晓杰，尹昊智．建设引领数字经济发展的一流互联网企业．国务院发展研究中心《调查研究报告》，2019 年第 210 号（总 5710 号）．

[21] 马源，袁东明，马骏．重塑制度：紧抓数字化转型战略机遇．国务院发展研究中心《调查研究报告》专刊，2019 年第 58 期（总 1686 期）．

[22] 马骏，马源．数字化转型是由工业经济向数字经济演进的重大变革．中国经济时报，2019–10–10.

[23] 马骏，袁东明，马源．创新制度供给 把握万物互联及智能化机遇．经济日报，2019–2–21（第 15 版）．

[24] 马骏，张永伟，袁东明．万物互联和智能化趋势下的企业变革、产业变革及制度供给．北京：中国发展出版社，2018.

[25] 沈玉良，彭羽，马源．塑造面向数字贸易的国际经贸新规则．中国经济时报，2019–11–8.

[26] 中国社会科学院工业经济研究所“网络强国研究”课题组．F5G：撬动中国经济新动能 ——千兆固网社会经济效益报告，2019–10.

[27] 中国信息通信研究院．物联网白皮书（2016 版）．

第二章 劳动就业

应对数字时代工作性质和就业结构的转变

数字化转型给就业带来显著、深远、复杂的影响。一方面，就业结构正在发生重大变化；另一方面，灵活就业形式越来越普遍。就业是最大的民生，建议按照以人民为中心发展思想，抓紧制定未来 5 ~ 10 年的就业促进规划，完善劳动、教育培训、社会保障等方面的制度和政策，积极应对数字化转型带来的工作性质变革和就业结构调整。

一、数字化转型正在改变工作的性质

（一）数字化转型改变就业结构

数字化转型将引致企业的业务模式、组织流程、员工能力等发生系统性变革，从而加快就业转型进程，给就业带来深远影响。

一是数字化转型创造出大量新岗位。伴随数字化转型，个性化多样式生产和服务得以大规模实现，社会分工高度细化，传统工作进一步分解和专业化，传统价值链中一个部门或岗位的智能化，将带动整个价值链效率提升，这往往需要上下游部门建立更多关联产品或服务来支撑，实现岗位的再分工开发，职业体系呈现重构和扩张，从而创造新的岗位。如围绕机器人的设计、制造、培训、融资、自动化解决方案等，围绕电子商务平台的网店设计装饰、网络模特、购物保险、网店客服等。

二是数字化转型带来就业岗位替代。部分工作任务智能化是常态替代模式，如我国正在发生的机器换人潮。据麦肯锡估计，到2030年，在自动化发展迅速的情况下，全球约有8亿人、中国约1.18亿人的岗位将会被机器替代。相比以往的技术进步，自动化对于低技能岗位的负面影响更大，最易被替代的是不要求专门技能或培训的职业群：餐饮服务人员、装配工、体力就业者、清洁工和助手类。其次是有一定培训，但主要接触机器的职业，主要分布于制造业，如机器操作工、司机操作工、流水线就业者、农业技能就业者、金属和机器加工就业者等。麦肯锡报告显示，自动化对就业的潜在影响因职位种类和行业部门不同而异，其中最容易受到自动化影响的是那些涉及在可预测环境中进行物理活动的工作类型。例如机械操作、快餐准备，以及数据收集和处理，其余还包括抵押贷款发放、律师助理事务、会计和后台事务处理等岗位。

而受数字化转型影响较小的岗位通常涉及管理、应用专业技术，因为机器在这些方面的表现还无法超越人类。最不易被替代的是各种专业人员和管理人员，以及保姆。另外值得一提的是，在不可预测环境下的一些相对低收入岗位，例如园艺工人、水管工、儿童和老人护理人员等职业的自动化替代程度也会较低。一方面，由于这类岗位的工作环境比较复杂，对从业人员的环境适应性、灵活性及相互理解能力要求都比较高，目前要想开发出满足上述要求的机器人或其他智能设备，在工程实现上还存在比较大的技术瓶颈。另一方面，由于这类岗位工资较低，而自动化成本又相对较高，因此推动这类劳动岗位自动化的动力较小。

三是应关注发达国家劳动力市场出现的就业岗位“两端极化”现象。对较高技能、高收入的岗位需求不断增加，如专业技术或管理岗位；对低技能、低收入的服务性岗位需求也在增加，如保卫员、保洁员、快递员等；但是，对于技工、蓝领、会计等中等技能、中等收入的岗位在计算机替代下就业人数趋于下降。同时，中低收入国家对低技能和中等技能就业者的需求多样化。根据世界银行《2019年世界发展报告》，低收入国家和中等收入国家的模式具有混合性。许多发展中国家对高技能就业者的需求量仍在持续上升。全球化进程正在将发达国家的低技能工作和中等技能工作引向发展中国家。但发展中国家之间的技术采用率往往迥然相异，导致接受工作转移的能力不同，例如2016年，欧洲和中亚26%的人口是固定宽带用户，相比之下，南亚的这一比例仅为2%。这导致了中低收入国家的中低技能就业的差异。一些发展中国家的中等技能工作岗位的数量增加了，而部分发展中国家则降低了。增加还是降低取决于自动化和全球化的相对速度 。

（二）数字化转型导致灵活就业方式更加普遍

伴随数字化转型，就业体系呈现网状结构，从传统产业模式的线式岗位设置让渡为网络的多维度岗位创造。网络产生价值，就意味着经济创新和就业快速增加。传统的金字塔式职业体系只是机器大工业生产模式下的岗位模式，是线性的单一技能和单一岗位的分割式就业层级模式。岗位设置单向，职责有限而明确。数字化经济体系下，产业网络呈现立体化横向产业集群。新产业模式呈现三维网络结构，创造更多有商业价值的产业环节，导致了新的技术和服务创新需求、新的产品需求，新兴岗位大量涌现，职业功能会不断变化重组，呈现模块化职业分工组合。

在劳动力市场层面，智能化网络技术增加了工作机会，实现了规模化的长尾就业效应，灵活工作机会增多。网络化就业不受人脉、地域和劳动时间的限制。互联网平台的兴起改变了工业时代以长期雇佣关系为主的就业方式，在一些服务领域创造了基于平台的灵活就业方式。平台企业一边连接劳务需求方，一边连接劳务提供者，通过算法调度、精准高效匹配供需双方，如网约车业务的乘客与司机、快递业务的顾客与快递员等，大幅扩展了劳动者的活动空间和就业空间。劳务提供者则可以选择专职或兼职工作，自行决定工作时间长短，劳务需求方可以在线点评反馈；平台则根据反馈情况对劳务提供者进行信用评价，并据此自动派单。平台型就业实现了碎片化工作的连续就业。随着智能搜寻和匹配技术以及云平台、外包服务的发展，多样化的就业方式将不断扩大规模。劳动者的社会网络发生变化，流动性大幅改善。

联合国 2017 年《新技术革命对劳动力市场和收入分配的影响》报告指出，互联网等新技术推动传统工作安排向“零工经济”转变，非正式工作岗位将继续增多，这增加了工人的自主性和灵活性，挖掘了细分就业机会，但许多非标准工作安排会导致不稳定的工作关系，带来就业和收入风险。

（三）数字化转型的就业替代效应不断强化

数字化转型随技术进步而逐步拓展、逐步深化。从人工智能技术成熟度来看，目前尚处于“专业智能”阶段，距离“通用智能”尚有较大距离，故而对不同行业的劳动就业影响具有明显的阶段性、差异性。研究发现，在数字化转型初期，数字产业自身规模有限，应用领域也相对较窄，主要冲击的是体力类的程序性工作，如生产线工人、记账人员等常规性岗位。中长期看，人工智能技术将对认知类的程序性工作产生冲击，如行政人员、研究助理、信息处理、律师会计岗位等。普华永道分析也发现，自动化可能在目前到21世纪30年代中期之间经历三个阶段。到20年代早期，数据算法自动化；到20年代末，自动化决策和人机协作增强化阶段；到30年代中期，体力劳动和熟练工种的全面自动化，实现自动化反应和决策。从中短期看，自动化对于劳动力的增强效应大于替代效应。在技术的经常性辅助下，最终让岗位雇员发挥出最大潜能，而不是仅狭隘地聚焦于自动化的节约劳动力成本效应。当就业者不需要承担常规重复性任务，就能够实现更多价值创造活动。自动化技术具有辅助增强多种任务的能力，利用某些工作任务的自动化来辅助和增强人工劳动力的相对能力，采用综合性岗位开发的“增强型战略”（augmentation strategy）是可行途径。据估计，在上述的劳动力增强的第二阶段，自动化技术可能实现行业平均劳动生产率比2015年提高约30%。对于雇主而言，重点任务是通过重新组合以发现更加有效率、有成果和有利的人机协作机会。但自动化增强效应根据行业性投资、自动化敏感性任务相关风险、机器和算法执行任务所引发的未知的连锁反应、长期劳动力战略的现状，以及企业运营的重新定位的管理挑战等因素，行业各有差异。此外，在这方面成功还要求人力资源管理组织功能的战略性再定位。

数字化转型就业替代的结果是人机分工协作结构变化。2016年美国白宫《人工智能、自动化和经济》报告指出，未来10~20年内，因人工智能技术而被替代的就业岗位数量将由目前的9%上升到47%。下一步随着人工智能与实体经济深度结合，那些容易被计算机化、代码化、程序化的岗位或环节，预期将陆续被人工智能等技术所接管或替代。世界经济论坛《2018未来就业报告》分析认为，到2022年，随着自动化逐步深化，机器或算法承担具体任务的比重将平均增长57%。从人机总工时估算，目前机器可以完成的任务占到当前工作的29%，71%的工作仍由人类完成，目前总体上还没有工作任务会被机器或算法主导性地承担；但到2022年，预计机器任务工时将多达42%，自动化技术将替代1/4到一半以上的生产性任务。特别是未来机器在推理和决策、管理，以及搜寻和收集工作相关信息方面的工作任务绩效比重将明显扩大，一个组织的常规的信息和数据处理、搜集和传输任务将主要由自动化技术承担。见表2.1。未来的低层次劳动形态将大幅减少。见专栏2.1。

表2.1　2018年和2022年世界机器占人力—机器总工时比重（%）

工作类型	2018年	2022年（预测数）
推理和决策	19	26
协作、开发、经营管理和咨询	19	29
沟通互动	23	31
管理执行	28	44
承担体力和手工工作活动	31	44
搜寻和收集工作相关信息	36	55
信息和数据处理	47	62

注：世界经济论坛的报告涉及对来自全球300多家公司、各个行业的人力资源官员、战略主管和首席执行官的调查。受访者代表了1500多万名员工和20多个总计占到全球经济70%的发达国家与新兴经济体。

资料来源：Future of Jobs 2018，World Economic Forum。

专栏2.1　世界银行：工作性质的变革

在技术得到采用的过程中，技术将取代某些就业者的作用。那些从事“可编码的”重复性劳作的就业者是最容易受到影响的群体。超过2/3的机器人在汽车、电器/电子行业以及冶金业和机械制造业中作业。以中国为基地的富士康集团是全球最大的电子产品装配企业，在富士康集团将机器人引入生产线后，其所雇用的劳动力降低了30%。如果机器人的成本比现有的制造业流程更低，那么，企业更倾向于将生产迁往更接近消费者市场的地方。2017年，德国的阿迪达斯公司使用3D打印技术在德国的安斯巴赫和美国的亚特兰大建立了两家专门制鞋的“速度工厂”，这一举措在越南减少了1000多个工作岗位。2012年，荷兰的跨国科技公司飞利浦电子公司将生产活动从中国转移回荷兰国内。

一些服务业工作岗位也容易受到自动化的影响。无人驾驶技术正在落地。相当一部分时间用于模型研究的金融分析师也遭遇了裁员：俄罗斯最大的银行联盟储蓄银行贷款有35%依靠人工智能决策，预计这一比例在五年之内将增加至70%。俄罗斯联邦储蓄银行法务部的3000个工作岗位已经被“机器人律师”所占据。截至2021年，后勤工作人员将从2011年的5.9万人降低至1000人。中国蚂蚁金融服务集团使用大数据对贷款协议进行评估，而传统上这需要雇佣数千名信贷员或者律师。

资料来源：世界银行，《2019年世界发展报告》，http://www.worldbank.org/en/publication/wdr2019。

（四）数字化转型需要加快社会制度变革

以机械化、电气化、信息化为主要特征的三次产业革命辅助人类提高了劳动生产率，数次引发“机器换人”的焦虑。历史表明，如果应对妥当，即便人口数量不断攀升，担忧中的失业大潮也并未出现。

未来自由工作和全职工作之间的界限将会变得越来越模糊。多职业就业，家庭就业、网状协作、任务型组织就业模式成为重要发展趋势。雇佣关系短期化，服务关系与传统雇佣关系界限趋于模糊。新型的就业关系不再是雇主和劳动者的一对一关系，或者一对多或多对一的简单灵活雇佣关系，而是多对多的就业网络体系。自由工作已成为劳动力市场的主要就业形态之一，并日益被劳动者所接受。自由工作方式的普及将会使全球化的劳动力市场进一步扩大，网络化劳动力市场将逐渐成为移民就业者外的另一个国际就业领域。政府对日益全球化的网络劳动力市场的扩大应做好评估和应对，但政府应当有条件地限制自由工作方式的无国界蔓延，把工作机会和相应的薪资水平与本国劳动力市场状态相结合，研究关键领域的相关的职业保护政策。

世界经济论坛的雇主调查显示，大多数岗位的技能将显著转换。大部分雇主认为到 2022 年，多数岗位所需技能会有很大改变，这些技能变化可能在不同行业和地区的情形不同。从全球看，预计平均的技能稳定率，即一个岗位所需核心技能中保持不变部分的比重，约为 58%，这意味着未来三年所需的劳动力技能平均转变率为 42% 。江苏调研显示，有 40% 的企业反映自实施智能制造升级计划以来，“技能或技术岗位”人数增加；有 50% 的企业反映“工程师或技术研发岗位”人数增加。这一趋势仍将继续存在。2017 年，苏州对于已实施智能制造升级的 100 家企业的调查中，87.3% 企业的普通岗位减少 0 ~ 30%，91.3% 企业高端技能岗位（工程师、研发）增加 0 ~ 30%。未来三年普通岗位预计减少 30%，高技术技能岗位预计增长 30%。就个人而言，职业生涯呈现多重性和流动性。新技术和新技能的边界不断扩展，劳动者接入互联网的碎片化工作任务市场，就业机会大幅增加，能够胜任的工作类型增多，人力资源冗余和岗位需求匹配效率大幅提高。劳动者可以不再追求在组织中沿着金字塔的结构向上攀升的传统职业路径，而是可以在不同的职业之间平行转换，拥有多重职业身份。

因此，为适应数字化转型的需求，要防备数字化转型引发的结构性失业潮和转岗潮，赢得新岗位创造与旧岗位流失的竞赛，其关键就在于要鼓励主动拥抱新技术，通过创新创业提供更多岗位，加强教育和提升技能，稳步实现就业迁徙；同时针对灵活就业的“非正式工作”特点，尽快提供与之匹配的劳资关系、社会保障等相关制度。

二、我国适应就业新变化的进展

我国高度重视数字化转型带来的就业新变化，取得了一些成绩和经验，主要表现在以下几个方面。

（一）大力发展“双创”促进就业

2015 年以来，国务院先后出台了《关于大力推进大众创业万众创新若干政策措施的意见》（国发〔2015〕32 号）、《关于加快构建大众创业万众创新支撑平台的指导意见》（国发〔2015〕53 号）等一系列文件，提出“各地区、各部门要加大对创业创新活动的引导和支持力度，加强统筹协调，探索制度创新，完善政府服务，科学组织实施，鼓励先行先试，不断开创大众创业、万众创新的新局面”，大力推进“大众创业、万众创新”，实施创新驱动发展战略，打造“双创”升级版的意见等，推动“双创”走向深入，支持数字经济领域创新，对促进就业也产生了显著的作用。

当前，我国经济已由高速增长阶段转向高质量发展阶段，以供给侧结构性改革为主线，着力构建市场机制有效、微观主体有活力、宏观调控有度的经济体制，不断增强我国经济创新力和竞争力。党的十九大报告指出，要贯彻新发展理念，建设现代化经济体系。创新是引领发展的第一动力，是建设现代化经济体系的战略支撑。加快建设创新型国家，加强国家创新体系建设，倡导创新文化，将经济发展动力从主要依靠资源和要素投入转向创新驱动，着力提高经济发展质量，已成为当前和下一阶段我国实现经济发展方式转变的重要任务。

数字化转型遍及整个经济体系，政府在这一过程中承担着基础性作用。双创政策适时推出，适应了新技术的创新扩散，赋予了经济增长强大的创新动力。一个国家只有具备了支持破坏性创新浪潮的环境，才能形成持久良性创新机制，才能获得良好的长期增长潜力，创新将是宏观经济增长的微观经济核心引擎。以新市场创新为核心的产业集群才是真正的成长引擎。例如，中国科学院科技战略咨询研究院发布的《码上经济影响力报告》显示，微信开放生态推动二维码在社会经济各领域的应用，实现了基于二维码的社交网络到商业网络的价值裂变，两种融合极大促进了中国“码上经济”的萌芽和发展。2019 年，微信带动码上经济就业机会 2601 万个。2018 年滴滴平台就业报告统计，滴滴平台的网约车为 1100 多万人提供灵活就业机会。

（二）采取包容审慎监管，适应灵活就业新形态

过去几年，我国秉承鼓励创新、包容审慎的理念，积极主动调整政策，适应数字化转型的新形势，在鼓励数字化新兴行业发展的同时合理监管。2017 年以来，我国出台了《国务院关于新一代人工智能发展规划》《关于促进分享经济发展的指导性意见》和《关于发展数字经济稳定并扩大就业的指导意见》等政策文件，明确要求：要以同步推进产业结构和劳动者技能数字化转型为重点，加快形成适应数字经济发展的就业政策体系；按照审慎包容监管、增强劳动力市场灵活性的要求，完善劳动法律法规，及时完善新就业形态下的劳动用工政策，推动将依托互联网平台实现灵活就业人员纳入社会保障覆盖范围，切实维护劳动者合法权益。特别是国务院及相关部门始终坚持“包容审慎”的监管原则，为各种新业态以及由此带来的灵活就业新形态创造了生存空间条件。

从而实现了数字化行业发展的促进和监管相结合，保障新兴行业的经济和社会效益的平衡。

主要措施包括：加快立法步伐，如2016年出台《网络安全法》，2018年出台《电子商务法》；建立跨部门、跨层级的协同监管机制，如2015年由十个部门联合出台《关于促进互联网金融健康发展的指导意见》；推进政府数据开放，如2018年发布《公共信息资源开放试点工作方案》；加强数据信息安全，如2017年全国信息安全标准化技术委员会制定《信息安全技术—个人信息安全规范》。对未知大于已知的新业态采取包容态度，充分发挥其产业和就业效应，只要不触碰安全底线，就给其萌发机会，如微信、二维码移动支付、网约车等。这些措施为社交网络、电子商务、移动支付、网约车等业务应用发展留出了空间，助力我国一些模式创新走在全球前列。

新产业新业态已经并将进一步引领和带动劳动力需求结构深刻调整。从增长动力看，新产业新业态正在成为新的就业增长点。当前，全球产业技术和分工格局面临深刻调整，我国正处于经济增长新旧动力转换的关键时期。新兴产业日益成为中国区域经济增长的重要支撑。若干重点领域关键技术研发取得突破性进展，资金储备进一步夯实，人工智能、虚拟技术的就业促进效应逐步显现，各行业企业对知识和技能型劳动力需求逐步增强，引领带动产业迈向中高端、助推劳动力需求结构升级的作用日益显现，新动能业已形成。具体表现为：技术创新带来新产品、新工艺、新行业和新领域，以及劳动生产率提高，为充分适应这些变化，各行业企业的劳动力需求也在逐步发生调整和变化。同时，新技术的出现还存在“二次就业”效应。随着产品市场空间加大，需求价格弹性提高，技术逐步成熟，带来市场空间的同步扩大，乃至新劳动力需求的产生。平台经济的就业灵活性特征，降低了人们获得就业机会的难度，吸引了更多人参与进来。以滴滴平台为例，仅 2018 年，滴滴平台在国内共带动 1826 万个就业机会，其中包括网约车、代驾等直接就业机会 1194.3 万个，还间接带动了汽车生产、销售、加油及维保等就业机会 631.7 万个。除了带动国内就业机会，滴滴平台积极响应国家“一带一路”倡议，在“一带一路”沿线国家创造了超过 93 万个海外直接就业机会。滴滴平台通过对整个出行行业的数字化升级改造，催生了一大批新的就业形态，具体包括网约车司机、司机服务经理、自动驾驶路测安全管理员、自动驾驶测试驾驶员等，这些新的就业形态丰富了整个出行行业的就业生态，是平台型企业带动就业的新增长点 。

（三）数字化技能提升逐渐纳入职业教育培训体系

在数字化技术背景下，提高劳动者就业能力和技能水平，成为稳定就业的关键。最近，国家密集出台了系列有关职业教育培训领域的政策文件，有效增加数字化技术培训供给，激发培训主体积极性。为进一步加强职业教育的统筹领导，原有的由教育部门牵头的职业教育工作部际联席会议进一步升级，2019 年提升为国务院职业教育工作部际联席会议，由国务院分管副总理担任联席会议召集人。

一是对于职业教育培训的政策投入大幅增加。新时期的技能提升提高到前所未有的政策高度。国务院《职业技能提升行动方案（2019—2021 年）》提出，到 2021 年底技能劳动者占就业人员总量的比例达到 25% 以上，高技能人才占技能劳动者的比例达到 30% 以上。2019 年的政府工作报告提出，“实施职业技能提升行动，从失业保险基金结余中拿出 1000 亿元，用于 1500 万人次以上的职工技能提升和转岗转业培训” 。既要对企业职工、弱势群体等重点群体开展有针对性的职业技能培训，又要有效增加创新性培训供给。

二是多方面创新培训内容。围绕经济社会发展开展先进制造业、战略性新兴产业、现代服务业以及循环农业、智慧农业、智能建筑、智慧城市建设等新产业培训；加大人工智能、云计算、大数据等新职业新技能培训力度。《国务院关于推行终身职业技能培训制度的意见》也提出，适应产业转型升级需要，着力加强高技能人才培训。面向经济社会发展急需紧缺职业（工种），大力开展高技能人才培训，增加高技能人才供给。深入实施国家高技能人才振兴计划，紧密结合战略性新兴产业、先进制造业、现代服务业等发展需求，开展技师、高级技师培训。对重点关键岗位的高技能人才，开展新知识、新技术、新工艺等方面培训以及技术研修攻关，进一步提升高技能人才的专业知识水平、解决实际问题能力和创新创造能力。

人工智能等数字化内容进一步纳入教育教学内容中。《新一代人工智能发展规划》明确要求："在中小学阶段设置人工智能相关课程，逐步推广编程教育"，人工智能技术将直接成为今后基础教育阶段的普遍教学内容。同时，数字化技术的快速创新正倒逼教学内容体系的重构，创新思维和协作能力培养的课程内容将得到加强，推行跨学科内容整合成为必然趋势，比如STEAM教育等已经呈现出这方面的典型特征。

三是加强职业技能培训基础能力建设。《国务院关于推行终身职业技能培训制度的意见》提出，有条件的地区可对企业、院校、培训机构的实训设施设备升级改造予以支持。大力推广"工学一体化""职业培训包""互联网+"等先进培训方式，鼓励建设互联网培训平台。探索建立劳动者职业培训电子档案，实现培训评价信息与就业社保信息联通共享，提供培训就业一体化服务。

推进培训内容和方式创新，鼓励开展新产业、新技术、新业态培训。推动云计算、大数据、移动智能终端等信息网络技术在职业技能培训领域的应用，大力推广“互联网 + 职业培训”模式，提高培训便利度和可及性。

数字化职业体系建设在逐步推进。2019 年，人力资源和社会保障部、国家市场监管总局、国家统计局正式向社会发布了数字化管理师、人工智能工程技术人员、物联网工程技术人员等 13 个新职业信息。

三、支持创新创业和完善劳动制度的政策建议

就业是最大民生。全面落实国家相关文件要求，充分释放数字化转型在激发创新、创造就业方面的潜力，对冲传统岗位被替代的潜在风险。将各类就业新形态纳入国家“就业优先政策”，鼓励和支持灵活就业，并将其纳入就业监测体系，把握新就业动态和趋势，及时给予引导和帮助。

（一）继续壮大数字经济，创造更多就业岗位

1. 深入实施创新驱动战略，大力推动数字经济与实体经济融合发展

推动智能化加速迭代。利用国内庞大的市场容量与互联网经济优势基础，加快科技成果产业化的速度，快速培育和融合新兴产业链，实现数字化

产业、就业、消费之间的良性循环。提升数字化拉动的就业效果，实现技术、产业、就业转型融合为统一的发展进程。以企业为创新主体，驱动数字化智能化新技术与各行业融合发展，支持发展新产业新业态。激发数字经济领域创新创业活力，培育就业增长点。整合各类资源要素，合力建设数字创新创业产业平台。

落实和深化创新创业机制。结合“大众创业、万众创新”进一步优化市场环境。推动劳动力要素与资本要素等创新要素的优化配置和升级。积极改善人力资源供给，不断完善资本市场和优化营商环境。加强资本市场对数字经济创新创业的支持，加大融资政策支持力度，拓宽融资渠道，总结财政出资引导社会资本投入的成功经验。

推动新技术应用与传统部门的融合。在服务业部门快速数字化升级的同时，支持智能制造产业本身做大做强，促进岗位转型和创造。生产性服务业的发展是未来经济的核心竞争力。智能制造升级到一定规模后，新型生产服务业产业链才可能成规模发展起来，打开生产性就业空间，就业质量和数量会规模化同步增长。通过劳动力市场安排支持智能制造产业本身做大做强，促进我国从制造业大国向制造业强国升级。通过智能制造产业链的延伸，加快培育新的生产性服务业增长点，创造更多高质量的就业岗位。

2. 探索建立促进就业高质量发展的有效机制

产业和就业部门政策应加强精准联动。要加强科技、产业、就业部门的政策协调和合作，加强财税、金融、产业、投资等经济政策与就业政策的相互衔接，建立适应技术和产业发展的就业政策窗口。产业部门智能化升级，人力资源升级也要配合支持，坚持促进就业作为经济社会发展的优先目标。

要增强就业和个性经济社会工作的系统性、整体性和协同性，形成就业优先、人才培养、技术创新、产业发展的良性生态，促进经济和就业实现高质量发展。要建立产业规划的就业评估机制。应加强研究数字化技术在不同行业的扩散应用态势，抓紧制定未来 5～10 年的就业促进规划，积极应对数字化转型给就业带来的深远影响。

大力发展吸纳就业能力强的产业。加快培育就业友好型技术创新和商业模式创新，培育经济发展新动能。鼓励岗位增强型人工智能的发展，推动创造新岗位，实现高质量就业。应在企业数字化升级过程中，形成系统化政策扶持，建立统筹资金、技术、技能培养的政策体系，实现平稳度过技术转型升级带来的就业技能结构转型期。

（二）实施促进新就业形态的扶持政策

1. 将支持就业的各类政策延伸覆盖至新就业形态人员，真正做实“稳就业”工作

转变以标准就业为主的就业促进理念，将促进各类数字经济新就业形态发展作为“稳就业”工作的重要手段，研究制定符合灵活就业新形态特征的非标准劳动关系体系，使其有别于标准就业，明确各种非标准劳动关系在相关方权利和责任、社会保障、劳动基准等方面的规范。健全失业预警机制，完善就业服务体系，提高人才供应和市场需求匹配度，减少劳动者转岗和搜寻成本。

开发新就业形式的服务和援助。探索互联网就业形式的劳动者的身份认定制度，开发多技能、跨地区、多手段的开放式就业援助方式。建立适应快速变

化的就业服务体系。

加强对企业和公共服务部分中低端岗位需求信息搜集，积极有效对接中低端劳动力转岗就业。着力加强职业指导，为拥有适应数字化技术的潜在劳动力指明未来岗位和新的就业方向，为暂时不适应新技术的劳动力指明新的出路，形成职业指导、就业信息、职业介绍有效衔接的体系，减少转岗和搜寻的成本。

2. 加强人力资源服务行业支持，提高人力资源市场配置效率

提高新业态人力资源服务的专业性和精准性。对于产业智能化升级，人力资源支撑应同步。就业形态和技能日趋复杂化多样化，求职匹配的搜寻成本和个性化程度会大幅提高。要建设多元化多渠道的劳动力市场网络，化解局部地区的集中性人力短缺和集中，转化疏导被替代转移就业群体，扩大智能化人力资源供给来源。面对智能化人才短缺和分布不均衡，在产业间合理调配人才资源，强化专业人才精准培养。

大力培育人力资源市场服务平台，提升服务机构的服务能力。扩大信息发布和职业指导覆盖面和层次，合理分配信息和疏导市场，有效调节数字化人才的分布，缓解专业人才自发过度集中的现象，平衡市场的热点波动。有条件的地方要探索创新技能工人的用工配置平台，实现跨企业、跨行业甚至跨地区的用工联动调剂，可以实现数字化技能工人在不同企业间的错峰配置和接续。人力服务机构的技术和服务成本压力在加大，需要加大政策对人力服务的技术支持。

鼓励技能培训的中介服务市场。有效提高市场化培训质量。面对特定工种的日益细化和创新，企业短期、灵活和专业岗位导向的培训需求持续存在且日益扩大，专注于培训中介服务的机构可以发挥灵活服务机制，通过资源信息整

合匹配，提供培训包整体解决方案，提高企业培训需求与社会培训资源的对接效率，快速满足个性化培训需求。

3. 完善和建立数字化手段的政策和服务技术

政策制定和就业服务要逐渐以大数据分析为基础升级。跟踪分析数字化升级引发的工作角色和部门快速变化趋势，监测新技术范式下的新就业形态岗位创造和变化。提升就业政策和服务的效率和精准度。加强大数据连续性服务，积极引导再就业。健全数字化失业预警机制，做好风险源和政策储备，及时应对和处理突发事件。

（三）完善灵活就业相关的保障制度和政策

充分发挥平台的数据和技术优势，创新劳动者保险保障的机制和模式，完善新就业形态人员保障措施，支持平台企业按订单、按里程等服务标的方式为劳动者缴纳社会保险、商业性的职业伤害保险。借助平台为灵活就业人员提供社保服务，向灵活就业、新就业形态人员宣传就业、社保相关政策，引导平台就业者积极参保。发挥失业保险保生活、防失业、促就业功能作用，拓宽失业保险覆盖范围。此外，要提前应对工作岗位“极化”带来的群体间收入不平等扩大问题。

要探索建立自雇者群体的自治管理机制。平台型自雇者群体日渐扩大，基于传统劳动关系和企业模式的法律和管理制度存在空白。为维护这一群体合法权益，规范市场行为，需要尝试新型就业关系治理机制。

探索新形态就业的劳动关系模式。强化就业平台的非连续性的稳定就业功能。新就业形态呈现平台式规模就业效应，本身要具有相对稳定性，但碎片化、短期性、多雇主、服务合作特征突出，就业活动日趋流动性，难以建立正规劳动关系。因此，可以利用平台打造劳动关系的稳定对接机制。利用人力资源服务外包对接就业活动平台，将人力资源服务企业做成平台化业务模式。这需要雇佣关系双方的实名制信用管理，也需要相应的政策创新。

（四）完善行业监管保障劳动者权利

政府、机构和企业需要深度合作，创新监管方式，适应新技能需求的快速增长和需求的多变复杂性，以维护转型中的劳动力市场的稳定有序，保障各类劳动者的权利。

1. 明确新就业形态岗位创造和变化的依据和标准

劳动力市场监管需要建立对于新技术范式下的劳动者权益保障、监测和服务的制度依据。新型劳动关系中的就业日趋常态化，平台就业模糊全职工作和自由工作之间的界限，也会导致相关的法律问题，需要监管模式的重新调整，扩大适用的就业形态监管范围。劳动管理部门需要关注新兴自由工作者的经济数据和利益诉求。

2. 完善平台治理，明确平台的权利和责任，避免平台对劳动者和劳动任务安排出现不公平现象

同时，逐步消除部分新业态在劳动者户籍方面的限制，为劳动者创造平等就业的权利。为适应平台企业的新变化，应将平台纳入协同治理体系，赋予其

一定的治理职责，利用和引导社会力量参与治理。监管部门可进一步加强与网络平台企业的合作，利用网络平台的信息汇聚优势，提高监管效能，形成政府和利益相关方共同参与的治理格局。

（五）建立适应数字化转型的教育培训制度

解决高素质人才缺乏和中低端劳动者相对过剩的关键是重构教育体系和完善技能培训体系。更加重视人力资源开发需求导向，改善人力资源供给侧结构，尽快消除技能结构与产业转型升级的差距，满足新技术要求。

1. 建立适应数字经济和数字社会的终身学习和就业培训体系

建立政府、培训机构、产业（雇主）三方协作机制。政府应充分重视智能化人才的外部性，降低雇主技术成本并提高经营灵活性。政府引导鼓励开展智能创新培训，在其中发挥就业友好型的智能化创新技术的引导作用。政府应积极对接数字化产业集聚区的就业和技能培训服务，完善服务，充实岗位。加强职工再就业培训和指导，确保从事简单重复性工作的劳动力顺利转岗。着眼新产业新业态和未来新型职业需求，实施国家紧缺人才培养项目。鼓励企业和各类机构为员工提供数字化技能培训。

数字化培训要成为职业教育培训的必修内容。一方面，要让数字技术成为教育的“必修课”，支持高等院校、职业学校和社会化机构等开设针对性课程，开展数字知识和技能教育，满足数字化转型对高技能数字化人才的需要。培训体系的专业设置改革具有紧迫性，要把现有传统课程全部融入 AI 技术。另一方面，支持市场发展各种技能培训，创新培训方式，建设开放学习平台，满足终身学习需求，持续增强劳动力对技术变革的适应能力。帮助受到人工智能冲击的行业劳动力重新适应并获得新技能。加强智能化产业工人技能储备。

2. 推进新的职业分类研究和体系预测

加强对新业态和新职业的分类研究。完善和制定创新创业领域的人力资源能力建设标准。完善数字化职业能力评价体系，在国家职业资格体系、专业技能等级体系和企业自主评价体系等各层次中全面推进数字化职业标准建设。

促进大数据层次的就业监测体系建设。整合数据网络资源，形成就业数据生态链，整合数据网络是重要基础工作。加强对未来人才需求预测。定期发布重点产业职业需求指导目录、探索新的职业资格和职业技能等级评定。探索人工智能产业划分标准、分类目录、职业标准等完善的配套制度体系。政府要及时识别哪些是最可能被人工智能取代的工作，并为受到影响的劳动力提供再培训的机会。要关注技能的中长期变迁，加快研究人工智能带来的就业结构、就业方式转变以及新型职业和工作岗位的技能需求。

3. 职业培训参考领先企业技术标准，鼓励领先企业承担培训社会责任

针对学校落后于企业技术的现状，应参考技术领先企业的技术标准进行培训和评价，例如华为、广船国际等。领先企业的标准代表着行业标准，也必然影响未来的通用技术技能标准。学校教师需要尽快通过先进技术进修提升技术知识水平，并需要有淘汰机制。充分利用企业内部技能形成的优势，提升校企

合作层次。依托行业遴选高端产业领域的优秀企业和优秀学校，促进二者形成校企合作的典范，引导产业领域的校企合作。

应积极鼓励有实力的先进企业开放对外培训，政府在培训合格后给予补贴。尽快明确界定企业培训合格证书的规范和资金使用规范，明确企业培训证书同职业技能鉴定证书和技能等级证书的对接机制。打造企业大学典范，依靠政策激励高端产业领域的优秀企业办学。

执笔：莫 荣

（中国劳动和社会保障科学研究院）

参考文献

[1] 世界银行 . 世界发展报告 2019，http://www.shihang.org/zh/publication/wdr2019，2018-10

[2] Janine Berg，Marianne Furrer，Ellie Harmon，Uma Rani，M Six Silberman. 孟彤 . 全球数字平台劳动者就业研究 . 中国劳动，2019（4）

[3] 国家信息中心分享经济研究中心 . 中国共享经济发展报告（2019）

[4] 莫荣 . 信息化对就业的影响与对策 . 人民日报，2019-6-14

[5] 莫荣 . 中国就业发展报告（2019）（就业蓝皮书）. 北京：社会科学文献出版社，2019

[6] 莫荣，于革胜 . 关于完善网约车监管支持新就业形态发展的提案 . 全国政协十三届二次会议第 1070 号提案

[7] 莫荣 . 新的就业机会在哪里——基于一线调查的确切分析 . 北京日报，2019-8-12

[8] 詹婧，王艺，孟续铎 . 互联网平台使灵活就业者产生了分化吗？——传统与新兴灵活就业者的异质性 . 中国人力资源开发，2018（1）

[9] 孟续铎 . 共享用工平台上从业人员劳动就业特征分析 . 中国人力资源社会保障，2018（4）

[10] 李开复，王永刚 . 人工智能 . 北京：文化发展出版社，2017

[11] 腾讯研究院 . 中美两国人工智能产业发展全面解读 .AI 世代，https://mp.weixin.qq.com/s/TT4AwXZtvxdg1b-cqkpxNA，2017-8-2

第三章　普惠包容

关注数字鸿沟，促进数字红利惠及大众

数字技术在生产和生活各领域的应用，在产生巨大数字红利（digital dividends）、惠及民生福祉的同时，数字红利受益也产生了分化，即数字鸿沟（digital divide）。在数字鸿沟进入政策视野之前，人类社会的不平等主要经由宏观制度政策和组织岗位安排而产生和再生产；改善社会不平等的措施也主要集中在制度性公共政策领域和组织性社会企业责任领域。如在制度领域改善教育和医疗，以提高弱势群体在市场中的竞争力，或进行收入再分配，以增加贫困人口改善能力的机会；在组织领域改善岗位报酬差异、性别岗位和薪酬差异以及组织福利，以改善薪酬不平等和性别不平等。在数字技术进入社会化应用之后，除了原有不平等机制之外，新产生的数字红利分配机制也成为影响社会不平等的重要因素，在一些领域甚至成为首要因素。弥合数字鸿沟、改善社会不平等状态已然成为国家之间和各国内部促进数字技术包容和数字红利普惠的重要政策策略。

“加强数字基础设施建设，促进互联互通”正是数字技术在中国进入社会化应用的20多年里政府、企业和社会各应用主体努力的方向。为弥合数字鸿沟，中国创新了一系列制度和安排，进行了各类实践，取得了令世人瞩目的成就，也面临着诸多进一步的挑战。

一、数字化转型为包容普惠发展带来机遇和挑战

数字技术门槛低、覆盖广、介入深、传播快等属性，使得数字技术天然具有包容普惠、绿色环保等特性，成为各国促进经济包容性增长、社会普惠性发展的重要动力，极大地提升了人类社会绿色、可持续发展的能力。世界银行的报告指出，与之前的蒸汽机、电力等历次技术变革相比，以互联网为代表的数字技术及相关技术普及到发展中国家的速度要快很多。事实是，发展中国家拥有手机的家庭，比通电或具备良好卫生条件的家庭还多。数字技术已从过去的通信手段或计算工具，上升为各国消除贫困、满足不发达地区发展需求、助力弱势群体、帮扶小微企业，实现社会共享发展红利的重要手段。

在数字化转型大潮中，要让数字红利最大限度地惠及社会和民生福祉，核心是实现数字技术的包容，包括网络接入、应用拓展及数据可得等三个方面。其中，由网络接入差异产生的社会不平等被美国国家电信和信息管理局（NTIA）称为“数字鸿沟”。经过20多年的发展，人们已经进一步观察到，数字鸿沟不仅有来自网络可及性等设施设备供给的影响，也有来自人为因素如应用选择和偏好的影响。20世纪90年代以来，数字技术在快速渗透、包容、实现数字红利普惠的同时，也让数字鸿沟经历了两个阶段，即从接入鸿沟到应用鸿沟；在数据的资源属性愈加凸显的当下，数字鸿沟正在进入第三个阶段即数据鸿沟。作为刻画因数字技术可及、应用拓展和数据可得等带来社会不平等现象的概念，“数字鸿沟”被国际社会广泛采用。

在各国实践中，数字鸿沟的三个阶段和维度存在着非常不一样的格局和图景，面对的机遇和挑战也各不相同。

（一）数字“接入鸿沟”依然存在

在给定技术创新的前提下，技术带给社会的影响是通过技术应用实现的。二战以来，数字与非数字技术的应用及其后果有着本质差异。从应用主体观察，非数字技术以组织应用为主，技术红利由组织获得，并经由组织分配给岗位劳动者，再传递给社会成员；数字技术则从组织应用拓展到大众应用，除了组织环节，技术红利也直接在社会成员中分配。从应用的前提条件观察，如果说非数字技术应用以机构化的设施设备为前提，那么，数字技术的应用则非常不同，它以数字基础设施（Internet Service Provider，ISP）可及性（accessibility）为前提，这是两者之间的本质差异。无论是组织应用还是社会化应用，由数字技术基础设施提供“上网”机会是前提，也是弥合数字鸿沟的机会。

伴随ISP建设的发展，数字技术极大地增进了人类社会的福祉。2005～2019年，世界范围的互联网用户数量快速增长，接入用户数量增长了3.5倍，由10亿增长到45亿。与此同时，包括物联网（IoT）在内的移动接入数量增长更加迅捷，已接近94亿，其中纯粹移动接入用户超过51亿。另一数据来源也显示，移动上网的用户达到40.7亿。

与非数字生产设施设备不同，数字基础设施建设投入高、回报周期长、技术迭代更新快，其部署受制于经济实力、自然地理、人口密度、社会需求等多重因素影响。平衡投资与收益之间的关系便是各国进行数字基础设施建设时的主要考量。在世界范围内，对效率与公平的不同考量形成了市场主导和政府主导两种模式。两种模式的差异在各国极大地影响了ISP的覆盖范围和覆盖质量，客观上形成了各国网络普及程度的巨大落差，影响着数字技术应用的可及性，也因此影响数字技术红利的分配模式，进而影响着数字鸿沟的新发展。

在数字接入基础设施快速发展的格局中，事实上国别、城乡、区域之间的数字鸿沟依然巨大。以用户为单位的计量显示，尽管数字技术接入渗透速度快捷，在 2005 ~ 2019 年的 15 年间，世界范围内互联网使用人口占总人口的比重从 16.8% 提高到 53.6%，增长了 2.2 倍，可依然有 46.4% 的人口被排斥在数字技术之外，与数字红利无缘。跨国的数据比较显示，2019 年，发达国家互联网使用人口占总人口的比重达到 86.6%，欠发达地区却只有 19.1%，两者相差 3.5 倍。在固定宽带领域，发达国家 2018 年每百人的普及率为 33%，发展中国家仅为 10.4%，还达不到发达国家 2005 年的水平，相差 13 年以上。在移动宽带方面，发达国家 2018 年每百人的普及率为 111%，发展中国家尽管增长很快，却依然只相当于发达国家 2012 年的水平（61%）。总体上看，在世界范围内，被排斥在数字技术之外的人口主要集中在非洲，特别是撒哈拉沙漠及以南地区；在一国的内部，被排斥在数字技术之外的人口主要分布在偏远的分散居住区域。

此外，性别之间的接入鸿沟也非常明显。在世界范围内，男性使用数字技术的比例比女性高出 10 个百分点。同样，在不同地区和国家之间，性别差异的分布也不均衡。其中，发达国家的性别差异只有 1.6 个百分点，发展中国家有 12.1 个百分点，欠发达国家有 10.5 个百分点。与一般意义上的数字鸿沟相似，在世界范围内，数字接入的性别鸿沟也主要集中在发展中国家和欠发达国家；在一国内部，则主要分布在低收入人群、居住分散和居住偏远人群。

（二）数字“应用鸿沟”日益凸显

一旦弥合了接入鸿沟，数字技术的应用便会带来巨大的数字红利；而对数字技术的不同应用也会使得数字红利在不同人群之间的分配差异凸显出来。

数字技术应用的低成本和非竞争性促进了其在各国特别是中低收入国家的快速推广，促进了发展中和欠发达国家新经济的发展，也让更多的人群分享数字红利。在世界各国，数字技术为贫困人口和中产阶级克服市场障碍、将消费者和企业直接连接起来，创造就业，进而提供了更多获得数字红利的机会，也有越来越多的企业接入了互联网，参与数字红利的分配。例如，移动产业 2019 年对世界 GDP 的贡献高达 4.7%，提供了 1600 万个直接就业岗位和 1400 万个间接就业岗位。

与此同时，国家之间因应用差异带来的数字红利差异极大。当前，占据数字经济发展前 10 位的主要是发达国家，只有中国是发展中国家，其他发展中国家均处在 50 位之后；87 个国家每工时劳动生产率中间值增长五年移动平均线自 2008 年以来一直呈下降趋势，其中，数字红利在国家间分配的分化是重要影响因素。而影响分化的主要因素则是数字技术在应用维度的包容性，数字技术在发达国家与发展中国家应用的包容性指数相差高达 2 倍，最高的接近 90 分，最低的不到 30 分。

与数字接入鸿沟呈现的趋势一样，人群与性别之间的数字技术应用差距非常明显。在欧盟，贫穷家庭使用电子政务的比例低于富裕家庭；在非洲，上层人口使用数字技术的比例是贫穷人口的 2.5 倍；男性使用数字技术的比例比女性高出 10 个百分点。在中低收入国家，使用移动数字技术的性别差距高达 23 个百分点，在南亚地区更高达 28 个百分点。

与接入鸿沟不同的是，在应用鸿沟中年龄是另一个重要影响因素，即使在发达国家也是如此。OECD 的数据显示，在 16 ~ 24 岁组别中，97% 的女性会使用互联网；可在 55 ~ 74 岁组别中，只有 68% 的女性会使用互联网。不同年龄组使用数字技术的技能差异反映了一个事实，20 世纪 90 年代之后出生的人群在网络的陪伴中成长，堪称“数字原住民”，之前出生的人群却需要克服许多困难去掌握上网技能，以避免被数字时代抛弃。

年龄组之间的差异还表明，数字素养（digital literacy）是影响应用鸿沟的重要因素。国际电联（ITU）的数据显示，应用数字技术对使用者“软”技能的需求与日俱增，曾经被视为低门槛的数字技术尽管其入门门槛依然很低，可在入门之后的不同应用中，正在形成不同高度的门槛，包括技术操作、信息管理、社交应酬和内容创作在内的技能已经变成获取数字红利的基本素养。此外，对关键信息和高级内容生成技能的需求也与日俱增，所有这些都使得对数字技能的终身学习不可或缺。

现实是，不同人群，包括分年龄和性别人群，在各维度和各层次的技能差距显著。1/3 的人缺乏基本数字技能，如复制、粘贴。只有 41% 的人掌握了标准技能，如安装或配置软件，在电子表格上使用基本公式。使用专业语言编写计算机程序的人只占使用人群的 4%。总体上，受过高等教育人群拥有技能的可能性是受过高中教育人群的 1.5 ~ 2 倍，是只受过小学教育人群的 3.5 ~ 4 倍。农村人群拥有技能的可能性比城市人群低大约 10 个百分点。在某些技能方面，男女之间存在 5 个百分点的差异。非常值得注意的是，儿童之间的技能差异与成年人之间的差异相差无几，它意味着既有的不平等格局依然在塑造下一代的不平等，数字不平等不是一代人的事情，而会持续到未来。其中，发展中国家人口的数字素养处于相当不利的地位。

（三）"数据鸿沟"将进一步扩大数字鸿沟

在惠及人类的同时，数字技术应用带来的一个转折性后果是让数据成为一项新的资产和进一步获取大量数字红利的基础资源。在"赢家通吃"的数字经济铁律之下，在掌握数据的和不掌握数据的国家和人群之间，一方面在获取数字红利的机会上再次产生了类似于接入鸿沟的"零、一"式差异；另一方面，因数据资源利用门槛的差异进一步在获取数字红利中产生着"富者愈富"的发展趋势。

早在2006年英国数学家克利夫·汉比（Clive Humby）就认识到"数据是新时代的石油"；几年后，IBM首任女董事长、主席、行政总裁弗吉尼亚·罗曼蒂（Virginia Rometty）声称"大数据是新石油"；后来，阿里巴巴董事局主席马云在多个场合说道："未来最大的能源不是石油，而是大数据"；《经济学人》杂志甚至在2017年组织了一个专辑，标题是"世界上最宝贵的资源不再是石油，而是数据"。这些都说明，在接入和应用之外，对数据的占有和使用将是数字鸿沟发展的下一步。

与此同时，数字技术发展的下一程即人工智能又将会让数据的资产和资源特性在数字红利中进一步集中凸显，就像在工业化进展到机械动力和电力动力时代，金融资产和资源之于工业发展一样。在人工智能时代，数据将是人工智能发展及其产品和服务的基础资源，由数据占有和差异化应用带来的数字红利也将大量涌现，因红利分配差异产生的"数据鸿沟"必将进一步推动数字鸿沟在两个维度的发展：①有和没有数据的鸿沟；②数据运用差异的鸿沟。

如此，在数字技术包容、数字红利普惠的同时，数字鸿沟的挑战将会呈现三类鸿沟并存与演化的格局。如何通过实现包容和普惠进而促进社会经济绿色和可持续发展将是世界各国和各地区包括中国应对数字鸿沟新挑战所必须面对的，这也挑战着各国政府的治理智慧。

二、国内外在数字技术应用中弥合数字鸿沟的举措和经验

各国在应用数字技术改善数字不平等的实践中，在缩小接入可及、应用拓展、数据可得三类鸿沟中采用各自适用性的举措，获得了不同的经验。例如，早在 20 世纪 90 年代，美国通过建立电信普遍服务基金，对提供普遍服务的电信公司进行补偿，直到现在，美国联邦政府还在努力改善公共政策，以提高数字基础设施的覆盖性和接入质量。中国则通过政府指导和市场实践相结合的方式提高数字接入的可及性，通过有效的公共政策改善数字技术应用环境，通过机构和个体持续不断地应用创新让更多人分享数字红利。在观察到三类数字鸿沟及其发展趋势的同时，我们也应该看到数字技术正在成为各国包括中国加快实现技术包容和红利普惠，进而实现绿色和可持续发展的新的重要动力。

扫除接入障碍是缩小数字鸿沟的第一步，在数字设施可及的前提下，提升数字技术应用技能，促进数字红利普惠和分配公平则是缩小数字鸿沟的第二步。这两步便是大多数文献所称的“数字赋能”（digital empowerment）。而针对数据鸿沟，尽管各国都在努力，至少到目前为止，尚未呈现出明确的改善策略、路径和模式，大企业垄断依然是一个基本事实。

（一）政府指导 + 市场实践是提高可及性的有效策略

弥合“接入鸿沟”，提高数字基础设施的覆盖性和接入质量与一个国家的地理复杂程度和人口居住格局密切相关。纵观世界各国，“接入鸿沟”小的国家和地区通常国土面积相对较小，地理复杂程度也不高。一个直接的证据是，在数字可及性高的前 10 个国家中，无一例外满足上述两个特征，如排名第一、第二、第三的新加坡、瑞典、瑞士。

在国土面积大和地理复杂程度高的国家中，中国的互联网可及性列第 38 位，远远高于具有可比性的印度（第 68 位）。作为发展中国家，中国运用制度优势，加强数字基础设施建设，采用政府指导加市场实践的模式，在不长的时间内实现了数字基础设施建设的广覆盖和快迭代，也是第一个部署 5G 网络的发展中国家，在弥合接入鸿沟的努力中形成了中国特色。

政府指导，是在弥合接入鸿沟中努力实现红利普惠；市场实践，则是在弥合数字鸿沟中努力践行技术包容。2015 年 12 月 16 日的世界互联网大会指出：“网络的本质在于互联，信息的价值在于互通。只有加强信息基础设施建设，铺就信息畅通之路，不断缩小不同国家、地区、人群间的信息鸿沟，才能让信息资源充分涌流。中国正在实施‘宽带中国’战略，预计到 2020 年，中国宽带网络将基本覆盖所有行政村，打通网络基础设施‘最后一公里’，让更多人用上互联网。中国愿同各方一道，加大资金投入，加强技术支持，共同推动全球网络基础设施建设，让更多发展中国家和人民共享互联网带来的发展机遇。”

“宽带中国”、打通“最后一公里”正是中国数字基础设施建设的基本宗旨，也是广覆盖的基本要义。2004 年 1 月 16 日，原信息产业部下发《关于在部分省区开展村通工程试点工作的通知》，同时出台了《农村通信普遍服务——村通工程实施方案》，正式启动电信“村村通”工程。在政策执行中，政府先后投入500多亿元；依照《电信条例》，原信息产业部指定6家基础电信业务供应商采取“分片包干”的方式承担通信普遍服务义务，实现行政村100%通电话。

得益于这个工程，早在2007年中国就在数字基础设施建设投资高、难度大的乡村地区实现了97%的村镇具备互联网接入条件，92%的乡镇开通宽带，那时，距离数字技术在中国的社会化应用仅10年之遥。2015年以来，由国家财政资金联合地方财政支持，进行电信普遍服务试点，加快偏远地区网络建设；2018年8月10日工业和信息化部、国家发展和改革委员会印发《扩大和升级信息消费三年行动计划（2018—2020年）》，要求2020年让98%的行政村实现光纤和4G网络覆盖；2019年中国进一步实施数字乡村战略，提出了一系列公共政策，鼓励各类企业参与实践，快速推进中国乡村的数字化转型。行政村通光纤的比例到2019年已达到96%，贫困村通宽带的比例达到94%。此外，移动通信基站总数超过了650万个，在世界600多万个4G基站中中国超过445万个，占74%，互联网络接入设施覆盖了中国98%的人口。工业和信息化部的数据显示，截至2019年12月底，三家基础电信企业的固定宽带接入用户总数达4.49亿户，其中，100Mbps及以上接入速率的固定宽带接入用户占比85.4%。宽带接入端口中，光纤接入（FTTH/0）端口达8.36亿个，占比由上年末的88.9%提升至91.3%。

充分的数字基础设施供给扫除了产生数字鸿沟的接入障碍。截至2019年6月，我国网民规模达8.54亿，互联网普及率达61.2%，较2018年底提升1.6个百分点；手机网民规模达8.47亿，占上网用户的99.1%。即使处于数字技术不利位置的农村，得益于移动宽带快速发展的助力，2018年农村互联网用户的普及率也达到了88.4%。考虑到中国依然是一个家庭社会，家庭成员互助依然是中国家庭的基本伦理，事实上，中国家庭人口的数字接入已几近全覆盖。有鉴于此，如果把社会资源对接入鸿沟的弥合计算在内，中国人口接入数字网络的水平实际已接近前三位。

尽管如此，中国与发达国家的差距依然存在。按照国际上通行的统计口径即个体用户可及性来看，新加坡为92.7%，中国只有71.1%。如果说中国与新加坡之间不具有可比性，那么，与地理复杂程度相似的美国和俄罗斯比较，前者为78.1%（第18位），后者为71.8%（第36位），中国也存在距离。如何在老年群体受教育程度不高、数字素养相对较低的环境下弥合个体接入鸿沟是中国面临的实际挑战。

美国采用市场主导的模式，尽管在数字技术可及性方面已经走在了前面，但依然还在寻求公共政策供给，以弥合城乡之间的数字鸿沟。美国政府明确知道，在广袤的农村地区和稀少的农村人口中，有近39%接入互联网用户的带宽不足，并认为它是影响美国竞争力的重要因素。不过，美国政府也承认，复杂的地形使得宽带建设工程困难、成本高昂。即便如此，美国政府还是于2019年2月设立了美国宽带计划（The American Broadband Initiative，ABI）。这一计划由美国商务部下属的国家电信与信息管理局（NTIA）主导，联合了美国农业部（USDA），美国创新、管理与预算、科技政策和国家经济委员会的白宫办公室等，加上超过20个联邦机构参与。ABI的主要目标是鼓励私营机构投资宽带基础设施建设，改善数字基础设施供给现状，提升通向千家万户的数字传输带宽和质量，弥合农村地区的接入鸿沟。

与美国采用市场模式不同，与中国地理复杂程度具有可比性的俄罗斯，采用政府指导加市场实践的模式。

2014 年互联网在俄罗斯平均覆盖率为 44%，有近 3000 万用户。其中，莫斯科和圣彼得堡分别为 68% 和 71%，而在偏远地区有的覆盖率不足 1%。与之形成对比的是，莫斯科的固定宽带接入率高达 88.6%，约有 390 万固定宽带用户，几近饱和。

早在 2008 年俄罗斯政府便制定了《信息社会发展战略》，2011 年又制定了《2011—2020 年国家信息社会计划》，2017 年还制定了《俄罗斯联邦数字经济计划》。这些战略和计划均旨在推动 5 家固定电话和宽带供应商（拥有 2/3 的固定宽带签约用户，其中国营的 Rostelecom 的签约用户量超过 35%）、4 大运营商（MegaFon、VimpelCom、MTS 和 Tele2，占有 99% 的移动市场）创造一个新的数字环境，期待 2019 年使人口规模在 25 ~ 500 人的 14000 个居民中心获得 10Mbit/s 的宽带接入，并指定由 Rostelecom 负责实施；到 2024 年让 97% 家庭的接入带宽达到 100Mbit/s，消弭区域和城乡之间的接入鸿沟。

为达成这些目标，俄罗斯联邦监管机构通过创造有利的竞争环境，运用法规支持基础设施建设和更新。2017 ~ 2018 年，俄罗斯政府推动长距离光纤网络建设，将堪察加、库页岛、马加丹、玉野—萨哈林斯克、库尔勒斯克、克拉博扎沃德科等偏远地区连接到主干网。为推动移动宽带发展，俄罗斯政府推动了部分通信频段的应用中立；为覆盖更加偏远的地区，俄罗斯政府还鼓励运用民用通信和广播卫星星座为民众提供现代电信服务。

GSMA 的数据显示，独联体（CIS）是世界上手机普及率最高的地区之一，80% 的人口有手机，虽落后于欧洲（85%）和北美（84%），却领先于拉丁美洲（67%）和亚太地区（67%），也领先于世界平均水平（66%）。其中，俄罗斯的手机普及率高达 89%。2017 年 CIS 有 2.32 亿手机用户，其中三大市场（俄罗斯、乌克兰和乌兹别克斯坦）占 80%。2018 年底的数据进一步显示，独联体地区拥有2.35亿独立移动用户，移动用户普及率高达81%，其中，俄罗斯已接近饱和点。到2021年4G有望成为普及的移动技术，到2025年将占总连接的2/3以上，还将增加900万个新用户，CIS的手机用户将增长到2.42亿人，占82%的人口。

与中国和俄罗斯不同，地理复杂程度同样很高的印度则采用国家引领加外包服务的模式，即准市场模式。顺应信息时代发展的需要，1997年印度政府成立了印度电信管理局（TRAI），负责行业监管。不过，却没有像中国、美国、俄罗斯那样及时更新相关法律法规，现行的法律还是1985年通过的《印度电报法》。几经修订后的《印度电报法》规定电子和信息技术部（Ministry of Electronics and Information Technology）负责除许可之外的互联网事宜，通信部（Ministry of Communications）负责电信。

2006年印度政府开始推动数字政府建设，2012年颁布《国家电信政策》，试图推动全国性牌照的发放以推动市场竞争，进而弥合数字接入鸿沟。2015年穆迪政府推出《数字印度》（*Digital India*）计划，由电子和信息技术部主管，多个政府部门加入，围绕三个关键领域展开：数字基础设施是每位公民均可享用的公用事业、按需进行治理和提供服务，以及公民的数字赋权。

尽管如此，印度提供固定电话和宽带业务的8家运营商没有一家是全国性的。其中，最大的两家BSNL和MTNL（Mahanagar Telephone Nigam Ltd.）均为国有企业，前者运营区域没有德里和孟买，后者则只在德里和孟买运营。提供移动接入服务的13家运营商中有5家具有全国运营资质，最大的前4家运营商分享了全国70%的签约用户。

到2016年，印度3/4用户的宽带带宽还处在DSL水平（传输速率最高为20Mbits/s），光纤普及率不足2%，在2011～2017年期间固定宽带渗透率只增长了 0.3 个百分点，从 1.0% 增加到 1.3%。与固定宽带形成鲜明对照的是移动宽带，这期间移动宽带渗透率增长快速，从 1.9% 增加到 25.8%。

在总结过去 4 年数字印度项目的成就时，印度电子与信息技术部表示，2014～2018 年，智能手机用户从 2.2 亿增加到 4.6 亿，手机接入用户从 9 亿增加到 12 亿，互联网用户从 2.4 亿增加到 4.8 亿。基于面访调查的数据进一步显示，印度互联网接入用户从 2017 年的 4.8 亿增加到 2019 年的 6.3 亿，城市的渗透率达到 66%，农村的渗透率达到 25%，进一步印证了印度电子与信息技术部的数据。

如果说，美国在坚持固定宽带接入的基础上发展移动宽带，中国则是两条腿走路的话，那么，俄罗斯和印度显然是通过推动移动接入来弥合固定宽带接入的鸿沟。

不仅如此，印度还进一步通过强制实施数字身份识别系统来推动个体的移动接入，为在地理复杂程度较高地区扫除接入障碍提供了有效实践。其快速发展的源头正是来自乡村数字基础设施发展的支撑。2014～2018 年，巴拉特网络（BharatNet）的光纤里程数从 358 公里增加到 281371 公里，连通了 117319 个自治村（gram panchayats）。得益于数字基础设施的发展，印度正在快速成为数字技术接入人口第二多的国家。

（二）有效的公共政策可以极大地改善费用可承受性

在给定接入可及性的前提下，识字、数字素养、费用可承受性、内容供给、对网络和数据安全的考量等是阻碍数字技术有效应用的主要障碍，其中，费用可承受性排在第一位。费用可承受性是衡量数字技术包容普惠的指标之一，指相对于收入而言，数字技术使用成本的可接受程度。

费用高低与数字基础设施建设的费用和投入高度相关，而数字基础设施建设又与地理复杂程度高度相关。它意味着分摊费用的政策直接影响着用户承担费用的高低。在费用可承受性排名前10位的国家中，除了加拿大、美国、法国、瑞典、英国和以色列以外，其余均为不那么发达的国家，甚至印度和巴西都排在第10位和第11位的位置。因此，费用可承受性与一个国家的公共政策高度相关，而与经济发展水平的相关性并不密切。

在提高数字设施对人群覆盖率的同时，中国制定和运用积极的公共政策，降低贫困人口接入的门槛，降低用户接入后的使用成本。2015年5月13日国务院常务会议明确提出了提速降费的五大具体举措。2017年以来，中国政府努力促进ISP降低接入费用和数据流量费用，极大地促进数字技术应用向多元领域的渗透与拓展。不过，中国的提速降费依然有较大的改善空间，2018年中国的费用可承受性排名第54位，甚至低于非洲的尼日利亚。

这一现象在2019年获得了实质性改善。与5年前相比，如今固定宽带和移动宽带平均下载速率提升6倍多，固定宽带用户平均下载速率从2014年的4.2Mbit/s提升至28Mbit/s（与美国的72Mbit/s依然有很大的差距），移动宽带下载速率从3G时代不足3Mbit/s提高到22Mbit/s。与此同时，固定宽带和手机上网流量资费水平降幅均超过90%，用户月均使用移动流量达到7.2GB，为世界平均水平的1.2倍。工业和信息化部等数据进一步显示，截至2019年8月，移动网络流量平均资费较2018年降低38.3%，中小企业专线和宽带平均资费降低23.8%和30.7%；港澳流量漫游平均资费降低36.2%。电信企业对建档立卡贫困户使用基础通信服务给予5折优惠，惠及用户近300万户。

早在2015年美国政府便应用公共政策促进提速。2015年1月，美国联邦通信委员会（FCC）经过投票，将2010年设定的下载、上传速度为4Mbit/s、1Mbit/s的宽带基准提高到实际下载、上传速度至少为25Mbit/s、3Mbit/s。FCC的《美国宽带测试2015》（*Measuring Broadband America* 2015）报告显示，接入更快服务的消费者会继续迁移到更高速率的网络；2018年的报告进一步显示，对14个宽带供应商测试的固定宽带带宽中位值为72Mbit/s。

在政府规制下，市场竞争和网络普及都促进资费进一步下降。由FTTH（Fiber-To-The-Home）委员会委托的研究显示，针对谷歌（Google）光纤在亚特兰大等城市推出70美元月资费千兆光纤服务，康卡斯特（Comcast）迅速跟进，为愿意签订3年合同的客户提供每月70美元的千兆光纤服务，不签约3年合同的用户则为每月139.95美元；AT&T也将包括奥斯汀在内的千兆光纤服务价格降至每月70美元。除了竞争之外，在给定市场中提供1G互联网服务将导致低于50Mbit/s网速的宽带服务价格的显著下降，速率为25~50Mbit/s的宽带服务月资费下降13~18美元，即服务成本降低14%~19%。

俄罗斯宽带价格也呈下降趋势，大型通信公司的有序竞争成为俄罗斯网络市场提速、降价的主要原因。俄罗斯三大移动运营商（MTS、MegaFon、VimpelCom）中，以MegaFon的4G移动套餐为例，2015年8G流量的月套餐为590卢布（1美元约等于50卢布），而16G流量的月套餐额为1230卢布。到2018年，俄罗斯移动宽带的平均资费已降至1GB流量0.91美元，固定宽带的平均资费9.77美元。以绝对价格计算，固定宽带资费排在世界倒数第4位；移动宽带资费排在世界倒数第14位。

移动宽带资费绝对价格世界最低的是印度。2018年，印度移动宽带每28天+14G数据流量的费用已经低至99卢比（约合9.6元人民币），1G流量的平均资费只有0.26美元，仅为美国的2.1%、中国的26%；最低的只需

0.02 美元，最贵的也只有 1.4 美元。与之形成对照的是固定宽带平均资费，每月 28.23 美元，排在世界倒数第 34 位，是美国的 42%（美国排在第 119 位），中国的 68%（中国排在第 63 位）。显然，印度正在运用后发机会，试图跳过固定宽带发展阶段，鼓励发展移动接入，而提高移动接入费用可承受性是其基本策略。

（三）应用创新是实现数字技术包容和红利普惠的基本路径

在解决费用可承受性问题之后，数字技术的应用会向两个方向发展，一是消费性娱乐，二是生产性创新。用户受教育程度、使用技能即数字素养和关联性内容供给是影响分化的两个主要因素，且都与国家政策倡导和市场监管紧密相连。

在与数字技术应用具有正向亲和性的地区，地方性文化传统可以弥补受教育程度低和使用技能弱等数字素养的短板，形成社区学习与创新性应用的格局，中国的“为村”和“淘宝村”，都是典型的例子。

为村，在普惠性社交平台上构建地方性社区社交，把熟人社会的联通性资产转化为社区资本，运用数字技术平台的广泛联通性，促进社区治理、社会、经济和政治发展红利普惠。到 2019 年 10 月，中国已经有 14231 个行政村超过 250 万村民认证加入为村，为村的应用范围覆盖了中国 29 个省、自治区、直辖市。运用为村平台，村里的大小事，从党务、村务、邻里和职能部门的事务到农产品上行和工业品下行的商务，都可以在一个平台上实现。家庭网络通过代际反哺支持数字移民运用数字技术，实现了数字技术包容；熟人社会网络通过邻里互助支持数字移民进行生产，实现了数字红利普惠。

淘宝村的发展通过代际连接和邻里连接实现了依据个体各尽所能的社会分工，把地方性的、家庭性的和个体性的僵化资产资本化，运用数字平台的联通性，从规模市场和差异化规模市场获得数字红利，是实现地方性红利普惠的有效实践。淘宝村发展 10 年，从 2009 年的 3 个增加到 2019 年的 4310 个。同期，淘宝镇的数量也增加到 1118 个，覆盖了中国 25 个省、自治区、直辖市，121 个市，398 个区县，覆盖总人口超过 2.5 亿。其中，有 63 个淘宝村分布在 26 个国家级贫困县，超过 800 个淘宝村分布在 71 个省级贫困县。淘宝村网店年销售额 7000 亿元，占农村网络零售总额的 50%，其中，国家级贫困县的年销售额超过 20 亿元；活跃网店数量 244 万，相当于山东省店铺总量的 1/4，带动就业 683 万个，相当于山东省城镇劳动人口的 2/5。2018 ~ 2019 年农村网店完成交易 25.9 亿笔，有近 500 个淘宝村年销售额超过 1 亿元。

生产和生活的数字化进一步创造了数字红利普惠的新场景。以美团点评数字平台为例，中国人民大学的独立研究显示，平台创造的新就业场景共带动就业机会 1960 万个，其中线上劳务交易型（骑手）就业机会 270 万个，线上服务产品交易型就业机会 1277 万个，商户展示关联就业机会 407.4 万个，企业自身就业机会 5.86 万个。2018 年，美团的 270 万名骑手中有 75% 来自农村，覆盖了全国 781 个贫困县，覆盖率高达 94%，带动了贫困县 67 万人就业。

作为发展中国家，中国运用制度优势，在降低数字基础设施可及门槛，弥合数字接入鸿沟的同时，制定积极的公共政策，促进数字技术在各领域的应用，尤其是社会化应用，让数字技术赋能低收入和欠发达区域的人口。中国农村网络零售额 2017 年突破万亿元大关，达 1.24 万亿元人民币，同比增长 39.1%。其中：服装鞋包、家装家饰、食品保健位居农村实物类产品网络零售额前三位；农村服务类产品中，在线旅游、在线餐饮表现尤为突出。2018 年中国农村网络零售额达 1.37 万亿元，同比增长 30.4%；其中农产品网络零售额达 2305 亿元，同比增长 33.8%。商务部积极推动电子商务进农村综合示范工作，2014～2018 年已经累计支持 1016 个县，覆盖国家级贫困县 737 个，占国家级贫困县总数的 88.6%，其中深度贫困县 137 个。由商务部指导的 29 家机构成立的中国电商扶贫联盟，帮扶对象覆盖 351 个贫困县，推动企业为贫困地区农产品开展“三品一标”认证，提升农产品品牌化、标准化水平，促进农产品上行。

数字技术在中国的应用还创造了多种新形态、新场景，形成了巨大的数字红利空间，极大地促进了数字技术的包容性和数字红利分配的普惠性，形成了普惠包容的中国模式。截至 2019 年 6 月，我国网络购物、手机网络购物、网上外卖用户、网络支付用户规模分别达到 6.39 亿、6.22 亿、4.21 亿、6.33 亿户，占网民整体的比例分别为 74.8%、73.4%、49.3% 和 74.1%。此外，搜索引擎、电商平台、社交平台、数字支付、数字媒体等，分别覆盖了数字技术使用的信息获取、交易、支付、交流与娱乐等数字红利产生的生产载体和行为，形成了完整的消费型数字红利闭环，创新、包容、普惠、效率均蕴含其中。

社交和电子商务极大地满足了不发达地区用户的需求，移动支付为较低收入居民带来更大便利，降低技能门槛对数字技术应用并获取数字红利的重要性不亚于提高技能水平，数字平台是联通数字红利的有效载体，政府与企业的密切合作是促进普惠包容的必要条件。中国模式在整体上可以归纳为企业创新、用户参与、政府支持的三角稳态互动。

中国国家信息中心的数据显示，2007 年，中国信息社会指数为 0.26，2017 年提高到 0.47。中国互联网协会的数据表明，2015～2018 年，中国数字经济规模从 18.6 万亿元增长至 31 万亿元，占 GDP 的比重从 10% 增加至 33%。

美国经济也处在快速的数字化转型之中，并通过数字化转型获取来自世界市场的数字红利。布鲁金斯学会的报告显示，2002～2016 年，需要高数字素养的工作从 4.8% 上升至 23.0%，需要中等数字素养的工作从 39.5% 上升至 47.5%，对数字素养要求不高的工作则从 55.7% 下降至 29.5%。美国商务部经济分析局（BEA）的数据显示，到 2017 年，美国数字经济总量已经占到其 GDP 的 6.9%。

仅移动行业 2018 年就为 CIS 经济贡献了 1010 亿美元产值，占 GDP 的 4.7%。GSMA 的研究预计，到 2023 年将增至 1220 亿美元（占 GDP 的 5.1%）。未来 15 年，与 5G 相关的技术预计将为 CIS 经济贡献 340 亿美元。

同样是发展中国家的印度，数字技术也为小城镇增加了新的工作岗位。印度电子与信息技术部的数据显示，2016～2017 年，小城镇的数字工作岗位为 14900 个，到 2018～2019 年，猛增至 31732 个。此外，印度的数字技术包容与普惠还独具特色，例如推广数字身份认证、数字社区服务等。2014～2018 年，数字化生物身份识别人口从 8 亿增加到 12 亿；数字签名服务用户从 270 万增加到 4900 万，数字锁用户从 110 万增加到 1170 万，数字化公共服务中心从 8.3 万个增加到 30 万个，政府公开数据从 1.9 万个增加到 17.5 万个，电子政务交易规模从每日 846 万笔增加到 8680 万笔。印度政府还运用一系列项目提升国民的数字素养，4 年间，接受数字技术培训的人口从 2 万人增加到 827 万人，并计划培训 6000 万人。

三、促进数字技术包容和数字红利普惠的建议

在数字社会发展的大潮中，世界上依然有46.4%的人口被接入鸿沟挡在数字经济之外，小于1%的人口则获取了数字红利的绝大部分。为促进数字技术包容和数字红利普惠，国际社会需要紧密合作，加强政策和实践的交流，积极倡导并实现数字技术的无障碍使用，共同应对数字鸿沟的挑战，最大限度地促进数字技术包容发展和数字红利普惠大众。

在数字中国的建设中，尽管企业、用户、政府做出了各种努力，使数字技术应用的普惠包容获得了极大的发展，可面对的挑战依然严峻。中国东中西部地区之间的信息社会指数依然有较大差距，2017年，东部为0.60，西部则只有0.42；在农村人口占总人口比重依然有40%的情况下，农村网络用户占网络用户总数的比重只有27%。

因此，需要面向数字技术的特征积极创新公共政策和进行社会倡导，从解决“接入鸿沟”入手，同步弥合“应用鸿沟”和“数据鸿沟”。

（一）深化数字基础设施领域国际合作

从美国的做法到印度的策略，都可以发现数字基础设施对众多国家，无论是发达国家还是欠发达国家，都是一个严峻的挑战，它覆盖了从技术研发到落地实施的众多环节。各国应发挥自己的优势，如美国发挥技术研发的优势，中国发挥制造和部署优势，欠发达国家发挥政策优势，加强对欠发达和发展中国家数字基础设施建设的支持，切实缩小南北数字差距，让欠发达国家和发展中

国家融入数字经济体系，尽早让处于数字鸿沟彼岸的46.4%的人群跨过数字接入门槛，尽早享受数字红利。

在这个领域，中国倡导“一带一路”互联互通正是国际数字基础设施合作的典范。

（二）加强公共政策和实践经验的国际交流

先行国家在降低基础设施成本、减少接入和使用费用、开放数据等数字技术应用创新领域取得了宝贵的知识和经验，这些经验对于发达国家来说是知识和政策冗余，可对发展中国家和欠发达国家而言，却是弥合数字鸿沟的宝贵公共政策和实践财富。通过紧密的国际交流，有助于发展中国家和欠发达国家加快数字技术的普及应用，避免先行国家走过的弯路，让数字技术应用沿着技术包容和红利普惠的方向发展。印度、俄罗斯和中国的经验显示，通过实施有效的公共政策，运用后发优势如优先发展移动宽带基础设施，可以极大地惠及更多的人口，如网络提速降费，强化竞争，引导电信运营企业“薄利多销”，面向不同群体提供符合其需求的特定资费组合，降低接入和使用费用，都可以大幅促进数字技术的应用覆盖与创新。

（三）大力倡导数字技术的无障碍使用，引导企业面向普惠包容的创新应用

数字技术的应用创新是产生数字红利的环节，也是普惠大众的关键。各国应在弥合接入鸿沟和应用鸿沟的基础上，结合自身国情，加快移动互联网信息

无障碍标准建设和内容建设，引导企业加强数字技术在商业贸易、消费服务、数字支付、健康医疗、教育培训、社区治理等涉及民生和数字素养提升方面的应用性创新，尤其要加强针对特殊群体的技术供给创新，如针对盲人的人工智能服务、针对少数族群的语言和语音内容服务、针对大量农村人口的乡村数字经济等。

与此同时，各国还需要加强合作，在扩大数字内容供给的同时，加强内容监管。数字内容的生产不是工业化时代单纯的生产过程，而是生产与应用的互动过程。在监管中单纯强调生产不会有效促进数字技术的包容和数字红利的普惠。综合运用政策工具和技术支持，促使数字技术向生产性创新方向发展是所有国家同样面对的挑战，而不仅仅是发展中国家。

（四）提高数据资产使用效率，促进数字红利普惠分享

在普惠包容的进程中，既要提高数据利用效率，释放数据红利，同时还要保障好数据安全和保护个人隐私。发达国家要加大对发展中国家的技术支持，盘活数据资产。各国应依据自己的文化传统和现实需求，制定长远的制度和文化建设议程，不仅要立足当下，更需要考量人工智能技术的创新与应用及其与国民数字技能、国家治理能力、技术公司社会责任之间的关系，在技术迭代与治理规则异步发展的格局下，把技术向善伦理纳入制度和文化建设议程之中，积极制定数据资产的开发、传播及使用等相关规则。

执笔：邱泽奇

（北京大学社会学系）

参考文献

[1] NTIA：Falling Through the Net：A Survey of the 'Have Nots' in Rural and Urban America. Washington，DC：US Dep. Commerce. 1995. NTIA：Falling Through the Net II：New Data on the Digital Divide. Washington，DC：US Dep. Commerce. 1998. NTIA：Falling Through the Net III：Defining the Digital Divide. Washington，DC：US Dep. Commerce. 1999. NTIA：Falling through the Net：Toward Digital Inclusion. Washington，DC：US Dep. Commerce. 2000.

[2] Statista：Number of internet users worldwide from 2009 to 2019. https：//www.statista.com/statistics/265147/ number–of–worldwide–internet–users–by–region/；Global digital population as of October 2019. https：//www.statista.com/ statistics/617136/digital–population–worldwide/.

[3] GSMA：Latest Global Data. https：//www.gsma.com/.

[4] ITU：Measuring digital development Facts and figures 2019. ITU Publications. 2019.

[5] 前瞻产业研究院 . 2019—2024 年中国通信产业发展前景预测与投资战略规划分析报告，2019.

[6] 中国互联网络信息中心 . 第 44 次中国互联网络发展状况统计报告，2019.

[7] 中国互联网络信息中心 . 第 44 次中国互联网络发展状况统计报告，2019.

[8] 叶菁 . 提速降费缩短网络"距离"，5G+ 工业互联网大风起 . 通信信息报，2019–12–20.

[9] World Bank Group：World Development Report 2016，Digital Dividends. The World Bank，2016.

[10] GSMA：The Mobile Economy 2020. The GSM Association，2020.

[11] 阿里研究院，KPMG. 迎接全球数字经济新浪潮：2018 全球数字经济发展指数 . 阿里研究院，2019.

[12] The Economist：The Inclusive Internet Index 2019. https：//theinclusiveinternet.eiu.com/.

[13] 工业和信息化部 . 村村通电话工程 2007 年各项任务圆满完成，2008-1-7，http：//www.miit.gov.cn/n1146285 /n1146352/n3054355/n3057709/n3057719/c3640328/content.html.

[14] David Red：American Broadband Initiative to Expand Connectivity for all Americans. February 13，2019. https：//www.ntia.doc.gov/blog/2019/american-broadband-initiative-expand-connectivity-all-americans.

[15] OECD：Measuring the Digital Transformation：A Roadmap for the Future，OECD Publishing，Paris，2019. https：//doi.org/10.1787/9789264311992-en.

[16] ITU：Measuring the Information Society Report 2018. ITU Publications. 2018.

[17] Clive Humby：Address at the ANA Senior Marketer' s Summit at the Kellogg School，2006. 参见 Michael Haupt "'Data is the New Oil' - A Ludicrous Proposition：Natural resources，the question of ownership and the reality of Big Data"，https：//medium.com/project-2030/data-is-the-new-oil-a-ludicrous-proposition-1d91bba4f294.

[18] Omar Akhtar：Big Data is the world' s natural resource for the next century - IBM CEO Ginni Rometty. https：//www.dmnews.com/customer-experience/news/13057433/big-data-is-the-worlds-natural-resource-for-the-next-century-ibm-ceo-ginni-rometty.

[19] 马云 . 未来最大的能源不是石油而是大数据 . 新华网，2015-05-28，http：//www.xinhuanet.com/politics /2015-05/28/c_127851327.htm.

[20] The Economist：The world's most valuable resource is no longer oil，but data. May 06，2017. https：//www.economist.com/printedition/2017-05-06。

[21] FCC：Universal Service Fund. https：//www.fcc.gov/general /universal-service-fund. Wikipedia：Universal Service Fund. https：//en.wikipedia.org/wiki/Universal_Service_Fund.

[22] ITU. 衡量信息社会（第 2 卷）. ITU Publications，2018.

[23] Sanika Diwanji：Fixed and mobile broadband internet subscription penetration in India from 2011 to 2017. https：//www.statista.com/statistics/482142/fixed-and-mobile-broadband-internet-penetration-india/.

[24] ICUBE：Internet in India. Kantar IMRB，ICUBE，2019.

[25] Ministry of Electronics & Information Technology：Government of India：Digital India：Power to Empower. https：//digitalindia.gov.in/.

[26] Ministry of Electronics & Information Technology：Government of India：New India Digital India：Achievement of the 4 Years. Ministry of Electronics & Information Technology，2019.

[27] 人民邮电报 . 看美国宽带运营商的“提速降费”. 通信世界网，2017-12-7，http：//www.cww.net.cn /article?id=375454.

[28] 张春友 . 俄罗斯：网络提速降费成为趋势 . 法制日报，2015-6-9.

[29] cable.co.uk：Research，Worldwide mobile data pricing：The cost of 1GB of mobile data in 230 countries. https：//www.cable.co.uk/mobiles/worldwide-data-pricing/.

[30] cable.co.uk：Research，Worldwide Broadband Pricing. https：//www.cable.co.uk/broadband/pricing/worldwide-comparison/.

[31] 邱泽奇，张樹沁，刘世定，许英康 . 从数字鸿沟到红利差异——互联网资本的视角 . 中国社会科学，2016（10）.

[32] 邱泽奇 .“为村”：为乡村振兴搭建数字平台 . 北京大学中国社会与发展研究中心，腾讯科技有限公司，2019.

[33] 邱泽奇 . 因势创新、淘宝惠民、美丽乡村——惠民电商发展报告 . 北京大学中国社会与发展研究中心，阿里研究院，2019.

[34] 邱泽奇 . 菏泽电商：3+3. 北京大学中国社会与发展研究中心 . 阿里研究院，2017.

[35] 阿里研究院 . 中国淘宝村研究报告（2009—2019）. 阿里研究院，2019.

[36] 中国人民大学劳动人事学院课题组 . 生活服务平台就业生态体系与美团点评就业

机会测算报告 . 中国人民大学，美团研究院，2019.

[37] Mark Muro，Sifan Liu，Jacob Whiton，and Siddharth Kulkarni：Digitalization and the American Workforce. Brookings，2017.

[38] BEA：Digital Economy. https：//www.bea.gov/data/special-topics/digital-economy.

[39] 世界银行，阿里巴巴集团 . 电子商务发展：来自中国的经验 . 国际复兴开发银行，2019.

[40] 农业农村信息化专家咨询委员会 . 中国数字乡村发展报告 2019. 农业农村部，2019.

[41] GSMA：The Mobile Economy，Russia and CIS 2019. GSMA，2019.

[42] GSMA：The Mobile Economy，Russia and CIS 2018. GSMA，2018.

[43] 许诺 . 数说 70 年：提速降费，手机上网流量资费 5 年降超九成 . 新京报，2019-10-6.

[44] FCC：Measuring Broadband America Fixed Report – 2015. FCC，2015.

[45] FCC：Measuring Fixed Broadband – Eighth Report. FCC，2018.

[46] 国家信息中心 . 中国信息社会发展报告 2017. 国家信息中心，2018.

第四章 行业监管

打造包容模式创新的数字经济治理新格局

自20世纪90年代起，计算机和互联网的大规模商用掀起了创新大潮，孕育出一批迭代速度快、跨界融合广、信息含量高的数字经济新模式，它们给线下企业经营带来了颠覆性冲击，也给政府监管带来全方位挑战，现行监管制度和政策框架的不适应性日益凸显。如何顺应数字化转型大势，把握新模式的创新规律，构建以网络平台为主要对象，以数据治理及算法治理为核心内容，以多方协同治理为导向的数字经济治理规则，成为当前和未来一段时期需要着力解决的突出问题。

一、数字经济模式创新的技术背景、特点和态势

过去二十多年来，以互联网、移动互联网、物联网、云计算、大数据、人工智能等为代表的新一代网络信息技术突飞猛进，与经济社会各领域的融合进程明显提速，以电子商务、智慧物流、网络金融、智能制造为代表的一大批数字经济新模式，深刻改变了商贸、物流、金融等传统服务业，当前正推动制造业迈入数字化、网络化和智能化发展的新阶段。

（一）数字经济模式创新的技术背景

历史上每一次重大技术突破，都会引发社会生产力的深刻变革。网络信息技术具有通用目的属性，其全面普及和广泛应用加速了经济社会各领域的数字化进程，也为模式创新提供了温床和土壤。

首先，网络信息技术的群体突破和密集创新为数字经济模式创新提供了原动力。20 世纪 90 年代固定互联网的引入，推动了传媒、娱乐、零售、物流等领域的消费理念与方式的全面变革。2007 年移动互联网和智能终端的引入，突破了上网地点与时间的限制，孕育出微信微博、网络约租车、餐饮外卖、位置服务等线上线下结合的新模式。2010 年以来，云计算、大数据、物联网等技术的快速发展，极大地降低了计算成本，拓展了连接空间，支撑起大规模在线交易、海量物体和工业装备联网等新模式。最近几年来，在机器学习算法取得突破、云计算能力倍增、网络数据总量指数增长等三重因素驱动下，人工智能技术加速发展，包括语音识别、图像识别、自动驾驶、智能医疗等智能应用新模式正成为数字经济创新重地。

其次，网络设施的泛在覆盖和性能提升为模式创新拓展了用户基础。基于网络的商业模式创新，需要以网络能力提升和用户普及为前提。国际金融危机爆发以来，我国深入实施“宽带中国”战略，大力开展网络提速降费专项行动，在短时间内建成了全球规模最大、性能最先进的全光纤网络和 4G 网络。从固定宽带看，到 2019 年底，我国三家基础电信企业的固定宽带接入用户总数达 4.49 亿户，宽带人口普及率超过 30%，与经济合作与发展组织（OECD）国家人口普及率相当；但从用户结构看，我国光纤接入（FTTH/O）用户为 4.18 亿户，占固定互联网宽带接入用户总数的 92.5%，位居全球最前列。从移动宽带看，我国 4G 用户规模为 12.8 亿户，占国内移动电话用户数的 80.1%，人口渗透率与日本、美国等国一同处于全球领先位置。从机器到机器（M2M）联网数量看，按照国家物联网规划，预计到 2020 年全国 M2M 连接数突破 17 亿个，将超过人的连接数量，泛在的物联网体系基本成形，客户基础进一步扩张。

最后，网络应用的跨界创新和全球服务为模式创新打开了空前市场。一方面，依托互联网把线下传统业务迁移到网络上，不仅降低了服务提供成本，还促进模式创新从营销、流通、采购等外围环节，向企业研发设计、协同制造等内部核心环节拓展，孕育出一批集约高效、高品质、高质量的新型产品或服务提供模式，如网络约租车等出行服务，以及众包创意、众包设计、工业互联网等生产性服务业新模式。另一方面，互联网“一点接入全网服务”的特性将整个世界变成了“地球村”，身处国内可以便捷地向全球提供服务，这极大地促进了商品、劳务、资本和技术在全球范围内的优化配置。近几年，全球范围内，国与国之间的数据流量每两年翻一番，数字贸易保持高速增长，以跨境电子商务为例，2019 年全球超过 200 个国家和地区用户参加了“双 11”购物日活动，成为中国制造、中国品牌走向世界的新渠道。

（二）数字经济模式创新的主要特点

不同于传统模式创新，基于网络的模式创新具有以下四方面特点。

一是以平台化运营为基本组织。互联网的便捷性和扁平性，极大地降低了不同主体间的沟通成本，但互联网主体的海量性、内容的丰富性，客观上又加大了网络空间供需匹配的难度。为解决双方匹配交易难题，在用户与内容对接方面，孕育出门户网站、搜索引擎、微博、直播等新平台，将内容精准呈现给感兴趣用户，广告精准推送给目标客户。在用户与用户对接方面，涌现出电子邮件、网络电话、微信等沟通平台，让双边、多边交流更畅快。在用户与车辆、商家等对接方面，涌现出共享单车、预约出行、电子商务、物流快递等新平台，实现资源的弹性供给和优化配置。在物与物的对接方面，又涌现出智慧交通、自动驾驶、工业互联网等新平台，为物的在线识别、精准寻址和自动导航等提供服务。

二是以跨界融合作为主要形态。随着互联网与实体经济深度融合，线上线下双向嫁接，正成为跨界融合创新主要方向。尤其是“互联网+”行动实施以来，交通、旅游、餐饮、物流、教育、金融、制造、能源等传统领域，纷纷成为各类新主体与传统从业者相互角力的热点领域。例如网络约租车结合道路实时状况，推荐优选路线，向乘客提供约定时间、约定地点、约定车辆的个性化出行服务，满足了不同群体、不同档次的出行需求，还减少了盲目空驶和道路占用。再如共享单车，通过搭建物联网运营平台，在自行车上加装智能锁，切入自行车租赁市场，一举颠覆了百年来自行车以制造销售为主的发展模式，推动了自行车的智能升级、在线运营和国际拓展。

三是以网络数据为关键要素。摩尔定律驱动数据存储成本不断下降，使得互联网可以沉淀记录各类网络行为的日志和轨迹。万物互联时代的到来，进一步丰富了网络数据维度和来源，这为新模式的组合创新提供了无限可能。如互联网企业可以基于用户访问日志、历史交易信息、阅读偏好等，对用户进行深度数据挖掘，形成精准的用户画像，进而为产品设计、个性推荐、广告投放提供智能决策支持，提高交易达成率。再如，格力空调通过在出厂空调上嵌入数据采集设备，得以实时了解空调运转、空气质量情况，结合不同地域的用户使用行为、温差分布等数据，可以反向指导空调设计方案优化方向，提前实施预测性维护和售后服务等，在客户与企业间建立起无形的数据纽带。

四是以免费或补贴为市场竞争策略。传统模式中，企业主要基于产品成本、用户需求和市场竞争状况进行定价。但互联网新模式则不同，企业为了充分享用网络效应和规模经济性，往往在新模式推向市场之初，采取免费使用或补贴的竞争策略，吸引用户使用或转移到其应用上，以尽快突破临界用户规模门槛，最终实现用户规模的自我“滚雪球”式壮大。例如早期的360杀毒软件就是如此，它一改杀毒软件收费模式，直接让普通用户免费安装，一举改变了市场格局，占据半数以上用户份额；待用户规模壮大后，再去探索商业化回报途径，包括企业客户付费、搜索广告付费、增值游戏付费、数据挖掘服务等。

（三）数字经济模式创新的态势

随着新一代信息技术创新周期的缩短，新的模式不断涌现，呈现出向纵深推进、亮点纷呈的态势。

一是电子商务加速向跨境电商、“新零售”等拓展，带动移动支付、物流等配套环节创新发展。电子商务是我国“互联网+”传统优势领域，经过十多年的发展，已形成了独具特色的电子商务生态体系。国家统计局数据显示，2013年我国跃居全球最大的网上零售市场，近几年持续保持30%以上的高速增长。2019年全国网上商品零售额10.63万亿元，同比增长16.5%，占社会消费品零售总额41.16万亿元的25.8%。跨境电商爆发式增长，阿里研究院预计到2020年，我国跨境电商交易规模将达12万亿元，约占中国进出口总额的37.6%。以无人货架、增强现实展示、刷脸支付等为代表的“新零售”模式开始在一线城市试水。电子商务高速发展带动了移动支付、物流量的大幅增长，仅2019年第四季度移动支付业务就完成307.34亿笔，金额94.92万亿元，同比分别增长 73.56% 和 21.34%。2019 年，全国社会物流总额为 300 万亿元，按可比价格计算，同比增长 6% 左右。各类电子商务新模式正成为带动消费升级、扩大内需的新生力量。

二是分享经济从生活领域加快向生产领域拓展，局部领域全球领先。分享经济强调资源所有权和使用权的相对分离，通过网络配置分散资源，实现供需双方精准高效对接，可以说是资源利用方式的一次深刻变革。国家信息中心发布的《中国共享经济发展报告 2020》显示，2019 年我国共享经济市场交易额为 32828 亿元，比上年增长 11.6%；平台企业员工数为 623 万人，比上年增长 4.2%；共享经济参与者人数约 8 亿人。其中生活服务、交通出行、房屋短租、知识问答、医疗技能分享等领域已进入稳步发展阶段。在解决广大居民需求的同时，分享理念快速注入科研仪器、办公空间、闲散劳务、生产能力等领域，提高了生产要素的利用效率，助力降低创业创新成本。从全球范围看，我国在网络约租车、共享单车等领域已处于全球领先地位。

三是智能制造成为传统制造业转型升级主攻方向。近年来，我国一些制造企业主动创新，拥抱信息技术，探索出一大批新模式，大幅提升了企业在研发、生产、管理和服务方面的智能化水平。在网络化协同方面，借助工业云平台，实现跨地域的协同研发、众包设计、供应链协同等，如海尔通过网络全球征集设计方案。在个性化定制方面，利用网络平台汇聚用户个性化需求，进行小批量、多品种的柔性定制，提高产品附加值，如青岛红领服装定制模式。在服务化制造方面，借助产品联网和数据回传，打造智慧运营体系，如三一重工运用工业互联网平台，对联网的数十万台设备提供实时监测和远程运维服务。在智能化制造方面，利用工业信息系统，实现数据实时采集、跨域分析和智能排产，如海尔无人工厂实现五百多个型号的在线同步制造。

四是“人工智能+”在交通、医疗、金融等领域开启了模式创新的新图景。当前，基于人工智能技术的新一轮模式创新开始井喷。自动驾驶方面，互联网企业如谷歌、百度、腾讯、地平线，传统汽车企业如沃尔沃、宝马、北汽等，争相发力布局自动驾驶技术，开展道路实测和商业化应用。据普华永道估计，到2025年全球范围内上路的智能网联车辆可达到4.1亿台，其中我国将占半数，这将带动传感器、计算芯片、激光雷达等一批技术突破。医疗方面，基于人工智能技术的医疗影像辅助诊断、临床辅助应用创新，有助于减少医疗误诊、优化诊治方案，将先进医疗知识和经验便捷分享给基层，如腾讯觅影已开始在部分医院投入使用。一大批企业快速崛起，旷视科技在人脸识别、科大讯飞在语音识别、小米在智能家居、大疆在无人机等领域，均已走在智能化转型的最前列。

总体上看，领先全球的网络基础设施、庞大的国内用户群体为数字经济模式创新提供了坚实基础，而本土多层次差异化的消费升级、供给侧结构性改革的大力推进，则为模式创新提供了难得机遇。我国抓住了这一轮信息技术革命机遇，坚持边发展边规范，不断健全监管制度，在电子商务、社交网络、搜索引擎、共享出行等领域涌现出一批独具特色、跻身全球的领军企业，为壮大新动能提供了关键动力。

二、数字经济新模式发展面临的主要监管挑战

基于互联网的数字经济模式创新活跃、类型众多、参与主体丰富，给传统行业带来了新风，注入了活力，但也对现有政策体系和制度环境提出了新要

求，总体来说是旧的制度不适应，新的制度还有待建立，同时政府服务还待优化。结合企业调研情况来看，集中表现在如下几个方面。

（一）与模式创新相适应的监管制度亟待重构

首先，数字经济新模式挑战部分传统行业的监管基础。以“互联网+”模式为例，其经营理念、运作模式和发展路径均不同于传统业务，这对传统产业特别是那些设置行政性准入限制的领域，如交通、医疗、金融、传媒、食药等部门带来了巨大冲击。以网络约租车为例，它集成移动互联网、大数据、人工智能等新技术，实现车辆供给和用户需求的动态匹配，重塑了传统出行模式，让出行效率更高，成本更低，更加安全，直接将线下监管规则延伸到线上，简单套用针对传统出租车的准入监管、价格监管、服务质量和安全监管等制度堪称“削足适履”，限制了新模式的发展活力。监管部门亟须顺应其创新规律，重新审视现有监管制度，深入分析新模式所需监管重点。

其次，新模式的融合性挑战纵向分立的监管体制，也凸显出监管能力不足。互联网新模式大都兼具多重产业属性，如互联网金融既具有互联网信息服务属性，又具有金融属性。按照传统监管分工，前一属性应由互联网行业主管部门监管，后一属性应由金融行业主管部门监管。还有网络直播涉及广电管理、文化管理、内容管理等多个部门，对于这些融合型业务，仅靠单一的监管机构已无法满足现实监管需要，但多头管理又加重企业负担。如何厘清监管边界，重塑跨部门协作流程和监管机制，实现无缝对接，做到不缺位、不越位和不错位，是亟须思考解决的关键问题。

最后，新模式的跨区域性挑战以区域为单位的属地监管体制。互联网信息服务具有“一点接入、全网服务”的特性，从技术上说，互联网服务只要一上线，就可以开展全球性业务。由于网络平台服务提供者注册地、平台服务器所在地、网站接入地、生产 / 服务单元所在地、消费者所在地通常彼此分离，同时网络活动商业主体和技术主体不同归属地的监管安排和利益诉求不尽相同，涉及不同国家和地区时法律法规还各有差异，过去基于行政区划的“属地监管”模式面临全新挑战，建立高效的、常态化的异地协同监管机制的需求迫切。此外，面对海量涌现、频繁迭代的新模式，传统监管部门既缺乏专业人才，又没有建立起利用外部企业、外部技术的制度，对线上发生的各类行为，缺乏技术发现和取证能力，显得力不从心。

（二）对新兴数字化平台的认识成为突出议题

平台经济由来已久，传统的集市、婚介所、纸质媒体等都是交易平台，它们为不同类型的客户提供平台。具体来讲，集市为商贩和市民提供交易场所，婚介所为男女求婚者提供场所，纸质媒体为广告商和消费者提供载体。但是，受到地理时空局限，早期的平台经济的规模和影响力都比较有限，处在主流经济活动的边缘。20 世纪 90 年代以来，以互联网为载体的数字化平台加速崛起，围绕数字化平台组织起来的新模式、新业态，构成现代意义上的平台经济。现代平台经济打破了时空界限，迸发释放新活力，加速从经济舞台边缘走向中心。

平台经济具有许多区别于传统经济的新特征。从当前典型的平台经济形态如搜索引擎、电子商务来看，平台经济至少兼具如下几个特点。其一，轻资产。网络平台不直接介入交易过程，而是作为市场中介组织，通过撮合市场双方的交易或交互而获益，其本质是提供信息服务，主要投入是网络服务器和人力资本，不需要在原料采购、产品生产、物流运输等方面进行大量资本投入，是一种典型的轻资产运营模式。其二，网络效应。网络平台之所以能够迅速壮大的原因在于入驻在平台上的客户之间存在间接网络外部性，即平台任意一边用户的增加（如网店数量增加），都将提高另一边的潜在收益，从而吸引另一边用户主动参与（如网购人群增加），如此“滚雪球式”循环反复，最终将推动平台爆发式增长，并占据市场的绝大部分份额，形成一家独大、赢者通吃的寡头格局。其三，跨界竞争。网络平台一旦壮大后，就拥有了海量的用户群体、源源不断的交易数据等，基于这些优势稀缺资源，平台服务商往往有动力拓展业务范围，如有冲动去进入更多领域，抢夺更多用户，提供更多样化的服务，通过范围经济和协同效应来巩固其市场地位。

网络平台提供者既是信息服务提供者，也是平台上各类资源的配置者、生态秩序的维护者以及数据安全的保障者，这一多重身份引发了产业体系的深刻变革。

第一，创新资源配置方式。传统市场经济条件下，资源配置主要依靠价格这只无形的手完成。平台经济时代，价格机制依旧是资源配置的核心机制，但平台也通过各种“有形之手”来干预资源配置，比如作为网络平台的提供者，平台企业常常通过直接制定各种平台规则，通过商业合同来约束平台主体的行为，如对平台上的交易价格、产品质量、客户投诉等做出明确规范。再比如，平台还借助大数据分析，通过算法模型来干预入驻商家和消费者之间的交易，如对于网约车的调度、价格生成等每个平台企业有其自身的算法规则。可以说，平台经济上的资源配置由规则、算法等“有形之手”和价格这一“无形之手”共同来协调，这在降低交易搜寻成本、提高资源配置效率的同时，也带来了平台以权谋私、算法歧视等新问题。

第二，改变市场竞争方式。对于平台企业而言，在发展初期的竞争策略选择上，必须考虑好先吸引哪一类客户入驻平台，以便再利用这些客户去吸引其他的客户群体来入驻到平台上，比如网约车平台企业最初就是大幅亏本补贴出租车司机一侧，先壮大车辆和司机队伍，而后对消费者一侧补贴，以快速壮大客户群体，提高市场份额。在平台壮大后，还要应对来自四面八方的跨界竞争，为此还要提升客户黏性，打造互赖、互依、共生的生态系统。硬件平台也开始加入生态竞争，比如小米通过“mi+”系统，将手机、平板、电视、盒子、路由器、手环、空气净化器等整合在一起，形成智能家居硬件生态系统。

第三，重塑企业竞争优势来源。经典竞争理论强调“利己”逻辑，认为企业的竞争优势来源是对稀缺资源和能力的控制或独占。在平台生态中，平台价值的高低不再取决于单个产品的质量或差异化程度，而是由整个生态系统的规模、结构、主体数量及在其基础上的互动质量所决定。因此，为了促成整个生态系统价值的提升，作为“生态组织者”的平台，必须开放其基础能力，为平台上入驻的主体赋能，并促成它们的高频互动。这意味着平台的命运与入驻平台的企业“捆绑”在一起，共同成长、共同增值，是一种“利他”或“互利”逻辑，从而推动开放赋能成为平台竞争优势的基础。比如，阿里巴巴平台开放其云计算、支付等能力，大幅降低开店成本，卖家数量因此快速增长到千万级，更多的卖家反过来又构成阿里巴巴电商生态系统价值的关键基石。

与此同时，理论上对平台的认识在不断深化①。其一，互联网平台不同于传统基础设施或公用事业。传统上基础设施或公用事业通常指物理性的设施、

① 王磊，马源. 科学把握新兴互联网平台属性. 经济日报，2020-2-4。

资产和网络，比如电网、油气管网等，同时也包括工业互联网和物联网等新型基础设施。这些物理设施的复制成本高，且替代性较低。而新兴互联网平台大多是由远端的服务器集群或数据中心、面向第三方商家的应用程序接口（API）、面向用户终端的应用程序（APP）或网站组成，具有资产规模轻、业务更迭快、替代产品多等特点。其关键资产是大数据资源和算法库，其竞争优势则来自技术创新、网络效应和规模经济。平台兼具多重身份，且跨界融合业务多样，带来相关市场界定不清、垄断地位难以有效判定的困难。

其二，新兴互联网平台能否被纳入关键信息基础设施范围，尚待国家法规予以明确。关键信息基础设施是指一旦遭到破坏或者丧失功能、发生数据泄露，可能严重危害国家安全、国计民生以及公共利益的网络设施或信息系统。当前，我国大型平台用户规模普遍在亿级以上，业务量和收入达数万亿元以上，一旦遭受破坏则影响波及面较广。目前，要将新兴互联网平台纳入关键信息基础设施范围，还需要国家相关立法予以正式明确，而且需要从网络安全和数据安全等角度进行考量。

其三，互联网平台是否为必要设施，需依据其商业行为性质和市场竞争条件来界定。必要设施是反垄断领域的术语，与垄断地位和市场竞争密切相关。由此衍生的必要设施原则是指拥有必要设施的垄断企业有义务开放其设施，供包括竞争对手在内的第三方使用。实践中，必要设施的认定须满足提供设施接入的必要性和可行性、设施可复制性、拒绝开放的合理性等一系列条件。新兴互联网平台拥有海量用户，在全球范围内参与竞争，是否构成反垄断意义上的必要设施，仍需按照反垄断法结合其相关市场的竞争约束等进行判定，不能轻易认定其就是必要设施。

（三）支持创新呼唤营造公平竞争的市场秩序

对于各类平台模式而言，网络效应和规模收益递增也放大了先发优势，容易形成“赢者通吃”的局面。近年来，企业间的竞争纠纷不时发生，这些竞争行为更加复杂，例如免费、补贴等对传统的单边企业而言，属于掠夺性定价的不正当竞争行为，对双边或多边平台企业来说，却是平台企业利用“跨边网络效应”来做大市场的合理战略行为，如何从理论上给予回答尚有待突破。更重要的是，数字技术领域动态创新活跃，技术和商业模式变革频繁，对于处于寡头垄断地位的平台而言，也不敢停下脚步、懈怠创新，必须时刻对新进入者保持警惕，持续创新，防止市场主导地位被颠覆。这意味着平台垄断不会完全遏制创新，对平台垄断的性质、反垄断的基础等问题需要重新认识。

以互联网企业拒绝交易行为为例。互联网技术日新月异，企业间的动态创新竞争激烈。为了维护自身市场地位，企业除了加强技术业务创新、提供用户补贴外，往往还采取一些竞争策略，如拒绝与竞争对手交易，防止对手“搭便车”壮大等。从类型看，主要有针对交易条件（如存在财务风险、安全风险，不满足交易条件）和针对特定交易对象（如横向市场上的直接对手、上下游市场交易相对人）等拒绝行为。这些行为更加复杂多样，一是通过开发和使用私有技术标准，拒绝与竞争对手实现兼容；二是通过设置网络“爬虫”（Robots）协议，拒绝竞争对手来抓取自身网站信息；三是通过设置平台接口（API）使用规则，拒绝竞争对手在自身平台上推广业务；四是通过实施“二选一”策略，限制或拒绝交易相对人入驻自身平台。

深入分析上述拒绝交易行为，发现既有互联网企业维护自身平台秩序、协助政府执法的需要，也有维护自身利益、巩固自身市场地位的动机，还与数字经济法规不健全有关，需要全面地、辩证地看待和审视。一是无论企业规模大小都可能实施拒绝交易行为。例如，有的小型招聘网站出于保护用户隐私、节省服务器成本的需要，会拒绝竞争对手来抓取站内简历数据。二是维护平台秩序和协助政府执法要求平台拒绝某些对象或行为。为了让平台长远健康发展，需要对平台秩序建立规则，通过“用户协议”“平台公约”“平台运营规则”等，来为各方划定权利义务边界，如禁止第三方刷评行为、插播第三方广告、诱导用户分享等。三是平台实施拒绝交易行为具有两面性，不可一概而论。拒绝交易行为既有利于保护在位平台企业的前期投入和财产权，激励其创新和持续投资，同时有利于倒逼潜在竞争对手加大创新投入，以新技术新业务践行差异化竞争，提高市场动态效率，例如满足细分市场客户需求，而不是依附于在位平台，通过“搭便车”来发展。其不利的一面在于，在位平台企业通过拒绝交易，可直接提高竞争对手的准入成本及市场拓展成本，甚至将其排挤在市场之外，产生反竞争的效果。四是政府强制要求平台开放和兼容互通的条件严格。对于一部分拒绝交易行为，因其主要是双方利益之争，并不涉及公共利益，市场危害性也不大，主要靠民事司法途径解决。当具有市场支配地位的企业实施拒绝交易行为，如屏蔽竞争对手、要求交易相对人“二选一”时，就应高度关注该行为是否会产生反竞争效果。就反垄断而言，除非平台是反垄断语境下的“必要设施”（又称“瓶颈设施”），在市场上无可替代、不可复制，且竞争对手离开该平台就无法生存，否则政府不应强制要求平台向竞争对手开放或兼容。即便政府打算介入监管，也应考虑监管成本。此外，还须考虑与竞争法、合同法等法规的协调。

全球范围内也出现了众多与拒绝交易行为相关的诉讼案例，如何看待这些行为，如何解决这些问题，思路上有哪些演变，值得对比借鉴。美国对拒绝交易的态度从反对走向容忍，认为其不应成为反垄断执法的内容。2006 年美国司法部发布报告[①]，指出通过反垄断干预单方拒绝交易行为存在极大风险，会损害消费者长远利益，政府干预则存在救济方式上的困难，也会扭曲经济激励，结论是单方拒绝交易不应成为反垄断执法的内容。欧盟认为拒绝交易并非本身违法，但对于“关键设施”的滥用行为从严裁决。2009 年欧盟发布《适用欧共体条约第 82 条查处市场支配地位企业滥用性排他行为的执法优先指南》，指出禁止拒绝交易行为会导致企业创新和投资积极性下降，应特别谨慎；干预的条件是该设施对其他企业发展是必不可少的，拒绝行为会消除有效竞争，且损害消费者利益。我国禁止没有正当理由的拒绝交易行为，既有法院判例支持单方拒绝交易行为较多。《反垄断法》第 17 条禁止具有市场支配地位的经营者“没有正当理由，拒绝与交易相对人进行交易”；2017 年修订的《反不正当竞争法》第 12 条规定经营者不得利用技术手段“恶意对其他经营者合法提供的网络产品或者服务实施不兼容”。显然，我国对拒绝交易行为的法律规定均附加了适用前提。

（四）数据资源治理规则成为各方共同关注

对于各类新模式如电子商务、社交网络、移动支付、网约车等，当新用户注册时，需要提交个人信息，如住址、联系方式、资金账户等；在登录使用时，其访问日志、浏览记录、交易账单、出行轨迹等数据又被远端服务器所采集存储。随着数据积累周期拉长、数据类型更加多元，以及数据挖掘技术的

① U.S. Dep't of Justice，2008，Competition and Monopoly：Single-Firm Conduct Under Section 2 of the Sherman Act.

日益精湛，可以说个人隐私将完全暴露给经营主体。一旦这些数据被滥用或出现大规模泄露，将给用户带来难以挽回的影响。但是，数据的属性又如何认识呢？

第一，数据是客观记录，经挖掘和利用可产生巨大的经济社会价值。数据是指对客观事件进行记录并可以鉴别的符号，是对客观事物的性质、状态以及相互关系等进行记载的物理符号及符号组合。在数字化时代，数据以“0”或“1”的二进制字符串形式存储在硬盘、光盘等介质上，本身并没有意义；但一旦与物理世界如人类、市场主体、自然环境等具体对象或场景对应起来，就可以得到富有特定内涵的“信息”；再进一步，深入挖掘“信息”背后的规律或洞见，人类就可以提炼得到“知识”。按照经合组织（OECD）的观点[①]，如果只拥有海量数据，而没有挖掘分析能力，则会形成“信息过载”；数据只有被转化为信息或知识，以及用于决策或行动之后，才能释放出其蕴含的经济社会价值。

第二，数据是要素资源，但不同于土地、石油等传统要素。基于数据资源，政府可以优化治理，企业可以提高效率，个人可以理性决策，可以说“数据不是万能的，但没有数据是万万不能的”，为此数据被广泛称作数字时代的新“石油”，成为与劳动力、资金、管理等具有同等地位的生产要素。但与传统要素相比，数据又具有显著不同的特点：不稀缺性，随着数字化转型深化，产生的数据量只会越来越多、类型也日益丰富，永不枯竭；不排他性，数据资源可被多个主体、无限次地重复再利用，且交易流通成本极低；数据往往具有多种“出人意料”用途，如政府出于监管目的收集的市场主体数据，向社会开

① OECD，Data-Driven Innovation Big Data for Growth and Well-Being，2015.

放后，可以孕育创新服务、助力信用体系建设、改进产业规划等，OECD 甚至认为，如果从功能上来审视的话（而不是从物理形态上看），原则上可以把数据归类为与铁路、交通相类似的基础设施资源。

第三，数据是资本物品，可助力提升全要素生产率。首先，数据不是消费品，人们无法直接消费数据，但可以消费信息服务，如网络游戏、电子商务、搜索引擎等各类互联网服务，带动信息消费。其次，数据不是中间产品，不会在生产过程中被消耗掉，随着存储成本的不断下降，数据存储量反而会越来越大；当然，数据可通过交易，给下游数据挖掘企业使用，但并没有被消耗掉。最后，数据是资本品，如企业安装传感器采集生产数据来优化工艺，购买卫星数据、交通数据等优化物流配送等，都可提升全要素生产率。MIT 专家对美国 330 家企业的一项研究显示[①]，相对于其他信息技术投资而言，采用数据驱动决策的企业产出和生产率会高出 5%～6%。需要指出的是，企业耗费资金采集或购买的数据资产，也会随时间的推移而折旧和贬值，这主要是因为数据存在时效性，陈旧数据无法反映最新现实或服务决策需要，如谷歌每天搜索关键词有 15% 是最新的，这意味着谷歌搜索算法必须结合最新数据才能提供最相关的搜索结果排名[②]。

第四，数据具有规模经济和范围经济，容易形成数据集聚。一方面，随着数据量的持续增加，企业可以更好地了解市场需求情况，并不断迭代改进服务，这反过来可以吸引更多用户，形成“正向反馈”，带来显著的规模经济。以人工智能算法为例，其算法精度高度依赖于可供训练模型的数据量的多寡，

① Brynjolfsson, Erik, Lorin Hitt, and Heekyung Kim, Strength in Numbers: How Does Data-Driven Decision Making Affect Firm Performance?（April 22, 2011）.

② Lerner, A. The Role of “Big Data” in Online Platform Competition, August, 2014, https://papers.ssrn.com/sol3/papers.cfm?abstract_id=2482780.

为此企业有动力收集更多的数据。另一方面，随着采集的数据维度和类型日趋丰富多元，通过整合利用这些来自不同业务、反映用户不同侧面的数据，可以让企业对用户开展更加全面、更加精准的“画像”。当然，这也会驱动企业延展业务范围、提供多元化的互联网服务，如谷歌提供搜索、邮件、视频、地图、翻译等多种服务，阿里巴巴则提供电子商务、云计算、物流、支付等业务。此外，在网络效应的作用下，互联网企业发展壮大，数据随之作为业务提供的“副产品”也不断沉积下来，形成海量的数据资源。

第五，需要特别指出的是，企业很难也不可能垄断数据。首先，市面上众多 App 都采集了相同的个体数据，如位置、电话、相机、短信等，这些数据对不同企业来讲几乎是完全相同的。其次，用户通常在多个平台上注册个人信息并与平台产生互动，即存在“多栖”现象（Multi-Homing），例如，用户可在阿里巴巴、京东、唯品会等平台上购物，可在不同商家使用微信支付、支付宝进行支付等，用户数据广泛分散在不同企业的平台上，对于企业来讲，唯有提供更好的服务，才能吸引用户、换来更多的用户数据。再次，如上所述，数据资源的价值随时间的推移而不断贬值，仅凭存储数据量的大小难以衡量企业在业务市场的影响力，必须同步考虑数据的质量、潜在价值和数据变现的难度。最后，用户数据分散在不同平台，而且不同源头的数据分析结果之间存在替代效应，如搜索引擎借助搜索记录揭示出特定群体的音乐偏好结果，与社交企业利用同一群体的分享信息所揭示出的音乐偏好基本相同[①]；再如，亚马逊根据购物记录与谷歌利用搜索记录在提升广告精准化推

① Graef, I. Market Definition and Market Power in Data: The Case of Online Platforms, World Competition: Law and Economics Review, Vol. 38, No. 4 (2015), pp. 473-506.

送方面一样高效[①]；或者说不同的数据来源有“异曲同工”“殊途同归”之效。

总体上，数据日益成为关键的生产要素和投入资本，蕴含着无可估量的经济价值和社会财富。然而，数据价值的释放取决于利用大数据展开挖掘分析的能力，取决于基于数据的创新服务能否满足用户需求。企业在提供服务过程中，可逐步积累起海量的数据，但结合数据采集的重复性、用户行为的多栖性、数据存储的时效性，以及不同来源数据之间的可替代性，企业不太可能垄断数据。

但是，数据资源的利用离不开数据权属问题。原始数据即直接生成的未经过任何加工处理的个人数据，包括个人直接产生的数据、企业合法收集的个人数据。对于个人直接产生的数据，用户享有权利。根据《网络安全法》《民法总则》以及相关法律法规的规定，网络运营者收集、使用个人信息，应当遵循合法、正当、必要的原则，公开收集、使用规则，明示收集、使用信息的目的、方式和范围，并经被收集者同意。虽然我国法律禁止公民个人数据的非法出售行为，但法律允许经数据主体同意后对个人数据的收集和使用。因此，实践中，企业基于生产经营的需要，在用户同意服务协议之后，收集了大量的个人数据。而对于企业合法收集的个人数据，其权利归属该如何界定，目前法律上并没有明确的规定。

对于依托已收集的个人数据经过二次加工处理后的衍生数据的权利归属问题，应当分三种情形进行讨论。一是对于基于用户个人数据直接进行分析而产生的结果数据，其权利应当由用户和企业共有。因为这类数据本质上仍然具有个人数据的属性，因此用户应当享有权利；与此同时，企业分析行为使得个人

---

① Lerner，A. The Role of “Big Data” in Online Platform Competition，August，2014，https：//papers.ssrn.com/sol3/papers.cfm?abstract_id=2482780.

数据的价值增加，企业也应当享有一定的权利。具体应当尊重双方的合同约定或协议。二是对于基于用户使用企业产品和服务而产生的数据，应当区分其是否属于个人数据。用户使用企业产品和服务产生的数据中，如果明显属于个人数据范围，如通信记录等，其权利应当归属用户个人；如果不属于个人数据范畴，那么则与第一种情况类似，其权利应当由用户和企业共享。三是对个人数据进行完全匿名化处理后的数据，包括对其进行分析所得出的决策结果，其权利应当归属于数据的加工者。

再以数据流通行为为例，就需要区分三种情况。第一种是不涉及具体个体的数据。比如电子商务平台通过采集某一品类商品的交易统计数据（如价格区间、销量、客户地域分布等），加工形成数据产品，并出售给客户等；再如基于公开的天气预报信息和航班信息，向公众免费或收费提供出行贴心服务等。实际上，在互联网诞生之前，各个行业就存在大量专业性数据库服务商。按照 WTO《与贸易有关的知识产权协定》（TRIPS）第十条“计算机程序和数据汇编”的规定，“数据汇编或其他资料，无论机器可读还是其他形式，只要由于对其内容的选取或编排而构成智力创作，即应作为智力创作加以保护”。在这方面法律比较明确。第二种是涉及具体法人的数据，这要依数据来源及是否涉及商业秘密等情况而定。比如天眼查、企查查等 App 通过整合国家企业信用信息公示系统公开的法人数据、国家司法大数据等多路数据来源，创新提供关于企业法人的注册、股权、诉讼等收费信息服务，原则上不会涉及司法争议。通常而言，市场主体之间的数据共享或合作，主要靠双方的合同来约定，只要不涉及第三方利害关系，应尊重双方的合作意愿和约定。第三种是涉及具体个人的数据，主要是做好个人数据保护。我国《刑法修正案（九）》指出：“违反国家有关规定，向他人出售或者提供公民个人信息，情节严重的，处三年以下有期徒刑或者拘役，并处或者单处罚金；情节特别严重的，处三年以上七年以下有期徒刑，并处罚金。”《网络安全法》第四十二条规定：“网络运营者不得泄露、篡改、毁损其收集的个人信息；未经被收集者同意，不得向他人提供个人信息。但是，经过处理无法识别特定个人且不能复原的除外。”同时在第七十六条中给出了个人信息的范围，“指以电子或者其他方式记录的能够单独或者与其他信息结合识别自然人个人身份的各种信息，包括但不限于自然人的姓名、出生日期、身份证件号码、个人生物识别信息、住址、电话号码等”。由此可见，我国对个人信息实行严格保护，但对于匿名数据实行排外原则。

（五）政府服务仍需增强，多方治理体系亟待健全

首先，政务数据开放共享不足，与模式创新需求尚有差距。近年来，我国大力推进政务数据资源开放共享，以支持创业创新，但调研发现还有不少问题需要解决，包括“数据烟囱”林立格局难以打破，数据资源共享难；多数部门出于规避风险和责任，宁可让数据资源沉睡在系统平台中，也不愿主动向其他部门开放共享。从系统整合看，长期以来各部门从本部门、本系统、本地方的需求出发，陆续建立起协议不一、接口不一、格式不一、互不兼容的应用系统，这些分散、独立的政务信息系统亟待统筹整合，以便为共享打通通道。从面向社会开放看，国家级开放平台尚未建成，当前各地开放平台功能不一，社会主体获取和开发再利用难，面向社会开放的数据量较少，机器可读性较差、更新频度低，与社会需求尚有较大差距。

其次，支撑新模式发展所需要的标准、劳务制度、政策支持还需要及时

跟进。过去，国家在传统产品和服务等领域建立起较为成熟的标准体系、认证认可体系，但新模式日新月异，标准滞后已成为常态。对于各种新模式如人工智能医疗系统，就面临着按照什么标准、如何来认可认证的难题。对于部分涉及人身安全的新模式如自动驾驶，则急需标准先行，包括统筹协调工信、交通、安全、质检等部门，尽早制定我国的标准体系，为模式创新提前铺路。在劳务制度方面，多数分享经济新模式通过搭建网络平台，为车辆司机、家政、快递等劳动力提供了“打零工”弹性就业机会，但平台与劳动者既非劳动合同关系，又非劳务合同关系，如何界定成为热议话题。此外，如何用好政府采购政策，加大对各类新模式的采购支持，推动示范应用，成为初创企业的心声。

最后，新模式在降低交易成本、提升资源配置效率、便利生产生活的同时，伴随出现了假货谣言、无证经营、车辆无序停放等热点问题。其产生原因，除与新模式的交易虚拟性、开放性、跨地域等特点紧密相关外，更重要的是尚未建立政府、网络平台、社会组织、网民、商家等主体共同参与、相互制约的治理体系。考虑到网络平台对入驻其上的用户和商家的主体信息、网络使用信息、双方交易信息等可以做到实时掌握，而政府却无法掌握颗粒度如此细的第一手动态信息，由平台落实治理责任成为一个趋势，但政府如何放权，让平台在事前准入（如海量主体的资质审核）、事中监测（如谣言假货的主动通报）、事后处置（如商家禁封和用户禁言等）过程中合理分担责任，就成为一个政策博弈点。需要指出的是，网络还赋予了商家和用户互评能力，这促进了双边信用机制的逐步形成，但如何防止虚假交易、炒作信用等就成为另一个同步需要治理的难题。

三、促进数字经济新模式创新发展的政策建议

随着互联网、大数据、人工智能等与实体经济深度融合，当前模式创新的重点正由消费领域向生产领域延伸，由服务业向制造业、农业领域延伸，由无管制、低管制领域向高管制领域延伸。进一步支持数字经济模式创新的关键是给新模式以市场检验机会，尊重发展规律，坚持包容审慎监管态度，及时取消或放松过时的监管制度，针对暴露出的新问题及时跟进，加强协同治理和优化服务，以政策供给和监管制度重构，为模式创新提供更大空间。

（一）深入推进监管制度改革

鉴于现有监管制度主要是根据已经成熟的模式而制定的，模式创新必然会打破其现有发展路径，出现与旧制度不相适应的情形。建议：一是在市场准入方面避免以旧思维管新模式，给予其萌发机会，在发展初期静观其变，不应一味将现有规则“从线下向线上延伸”，或简单套用旧制度，特别是对于改变了产业特性的新模式，要重新评估政府监管的必要性和监管要点。回顾微信、二维码支付、网约车等新模式的发展历程，最初都面临着被旧制度扼杀在摇篮里的风险，正是由于给予观察包容期才能走到今天，并引领全球。二是适应模式融合创新趋势，深化行政体制改革。建议针对网络活动跨地域的特点，打破条块分割管理模式，加强国家监管资源整合：纵向整合分散的监管资源，提高监管效能，如适度增加国家层级的监管力量配置；横向整合部门间的监管资源，

减少重复监管、多头监管，如针对内容服务融合的特点，对网络内容的分行业监管进行合并。三是针对新模式层出不穷的常态，建立动态监测和协调机制。建议根据细分模式，指定牵头部门开展定期监测，针对发展实践中暴露出的新问题，及时协调有关部门主动跟进，制定针对性政策；同时还要强化部门间、区域间合作，力争守住底线。

（二）加快营造公平竞争的市场环境

互联网的突出特点是供给侧具有规模经济性，需求侧具有网络效应。为了追求市场优势地位，各类互联网新模式进入市场后采取的“三板斧”策略都是第一步采取导入式定价策略，即通过免费或补贴以扩展客户规模；第二步通过横向兼并重组，扩展客户规模，提升市场集中度，摊薄运营成本；第三步再依托庞大的用户群体，围绕主业延展业务范围构筑“护城河”，并采取策略性行为来巩固市场优势地位。显然，这一竞争模式迥异于传统模式。在促进公平竞争方面，建议一方面考虑到互联网行业瞬息万变、动态竞争特点，对于新模式之间的合并申请，建议适用快速从简原则，大幅简化经营者集中审查程序，原则上予以通过，对于少数商业模式已成熟、市场地位巩固的企业可适当投入更多精力，加大审查力度。另一方面针对平台垄断问题要辩证地看待，要放眼全球市场，鼓励平台做大做强，以充分运用规模经济，让资源在更广范围、更多主体之间最优配置，但对于企业滥用其市场支配地位排挤或打压竞争对手的行为，要有明确禁止要求，建议加强细分市场竞争状况动态评估，发布细分领域反垄断指南，引导企业强化自律，维护市场活力。此外，针对线上新模式与传统业务之间的竞争问题，要立足产业变革大势，不能因为传统业务受到管制而从政策上保护其固有利益、排除外来竞争，而应该引导传统业务加快转型升级，最终在市场作用下走向竞争均衡。

（三）完善个人信息保护和数据管理等法规

在大数据时代，挖掘和释放数据资源蕴含的经济和社会价值已成为共识，但须以个人信息保护和数据安全为前提，其关键是拿捏好合理利用与保护要求之间的平衡点，加快完善相关法规制度。在个人信息保护上，虽然我国《网络安全法》《刑法修正案（九）》对个人信息采集、存储、使用等做出规范，但在互联网环境下，个人信息传播快、泄露影响大，亟须制定一部基本法，确立保护机构、细化保护原则、落实企业责任等。在数据管理上，要软硬两手抓。软的方面是健全管理制度，主要包括完善数据产权保护制度，制定网络数据流通和交易规范，特别是顺应数字贸易快速增长需要，就国际社会关心的跨境数据流动规则，加强政策储备和规则研究，提出中国主导、多边共赢的操作方案；硬的方面是强化网络信息系统的安全等级防护要求，提升网络攻击防御和灾备恢复能力。

（四）加快形成多方参与的协同治理体系

互联网的一个重要特征是开放、共享、全民参与。各类新模式在发展过程中难以避免会出现新问题，而这些问题的解决也需要多方协商，关键是发挥政府、平台、网民、媒体等利益相关方各自优势，形成多方参与的治理格局。针对互联网“少数大型平台+海量商家+海量用户”的主流组织模式，监管部门可根据大型网络平台的独特产业地位，发挥其在数据统计、运营监测、行为发现等方面的技术优势，推进政府与平台合作，运用大数据技术提升在线化、智能化监管能力，同时抓紧界定平台主体责任，履行好合理注意和执法协助义务，提升监管效率。对于各类平台上入驻的商家，鼓励网络平台主体通过商业合同等方式，来约束和规范入驻企业的经营行为，逐步将平台主体掌握的信用信息纳入国家信用体系，推动商家和消费者注重和珍惜信用，建立完善守信联合激励和失信联合惩戒机制，同时防范制止虚假交易、网络炒信等不良行为。此外，还要支持行业协会等组织出台行业服务标准和自律公约，完善社会监督，推动企业主体和网民自律。

（五）全面推进政务数据共享和面向社会开放

加快推进政务数据开放共享，让“死数据”变成“活水之源”，是树立全新资源观，培育增长新动能的关键举措。针对数据共享难、系统对接难、数据开放难等问题，建议：一要建立政务数据开放共享制度体系，形成常态化工作机制，保障开放共享工作落地实施。推动各级各类部门全面梳理数据集，完善并落实保密审查和风险评估制度。二要按照“整合是原则、孤网是例外”的要求，加快部门和地方政务信息系统整合共享步伐，形成“物理分离、逻辑统一、集约高效”的全国一体化政务数据资源共享交换网络，实现由部门间的“点对点”两两共享，转变为“点对平台对点”的多方共享。三要全面推进政务数据开放，加快建成国家级的政务数据开放平台，与省级平台实现纵向有效对接；制定开放目录，按照“需求导向、增量先行”原则有序扩大开放范围；建立数据开放的社会互动和响应机制，调动民间智力挖掘开放数据，培育数据驱动的创新模式。

（六）不断提升政策精准支持和引领能力

在新模式发展过程中，除了产业界在技术、资金、人才等多要素投入外，政府加大功能性政策支持也必不可少。在政府采购方面，将初步成熟的新模式纳入政府采购范围，除了直接扩大企业市场需求外，更关键的是有助于增强行业和用户信心，激励企业进一步做优做强。在税收方面，包括网络约租车和民宿短租在内的服务新模式，都面临着属性界定、税率适用等新议题；再如随着协同设计、服务化制造、远程运维等快速发展，制造业和服务业的边界日趋模糊，都要求抓紧完善适合互联网新模式的税收支持政策。在劳动就业方面，分享经济模式下劳动者的自我雇佣、打零工等灵活就业越来越多，配套的社保制度和劳动者权益维护制度也需要同步完善。在标准制定方面，鉴于我国在部分领域处于全球创新前列，紧跟创新步伐，健全标准体系已时不我待，尤其是对于关乎人身安全的相关领域，要加强与行业沟通，尽快出台国家标准，为业界研发和商业化活动提供前瞻指引。

执笔：马　源　马　骏　袁东明

（国务院发展研究中心企业研究所）

参考文献

[1] Brynjolfsson, Erik, Lorin Hitt, and Heekyung Kim, Strength in Numbers: How Does Data-Driven Decision Making Affect Firm Performance?（April 22, 2011）.

[2] Graef, I. Market Definition and Market Power in Data: The Case of Online Platforms, World Competition: Law and Economics Review, Vol. 38, No. 4 (2015), pp. 473–506.

[3] Lerner, A. The Role of "Big Data" in Online Platform Competition, August, 2014, https: //papers.ssrn.com/sol3/papers.cfm?abstract_id=2482780.

[4] OECD, Assessing government initiatives on public sector information: A review of the OECD Council Recommendation, OECD Digital Economy Papers, No. 248, 2015.

[5] OECD, Data-Driven Innovation Big Data for Growth and Well-Being, 2015.

[6] U.S. Dep't of Justice, 2008, Competition and Monopoly: Single-Firm Conduct Under Section 2 of the Sherman Act.

[7] 国家统计局 . 月度数据—国内贸易—网上零售额，2020 年 2 月 .

[8] 国家信息中心 . 中国分享经济发展报告 2019.

[9] 工业和信息化部 . 2019 年 1 ~ 11 月通信业经济运行情况，2019 年 12 月 18 日 .

[10] 马源 . 加强制度创新与政策支持，促进人工智能发展 . 国务院发展研究中心《调查研究报告》, 2018 年第 126 号（总 5401 号）.

[11] 马源 . 数字贸易国际规则：美国动向与我国策略 . 国务院发展研究中心《调查研究报告》, 2018 年第 127 号（总 5402 号）.

[12] 马源 . 互联网企业拒绝交易行为及其监管建议，国务院发展研究中心《调查研究报告》, 2019 年第 205 号（总 5705 号）.

[13] 马源，董筱曼 . 从智能驾驶看监管制度重构，国务院发展研究中心《调查研究报告》, 2018 年第 27 号（总 5302 号）.

[14] 马源，袁东明，马骏 . 重塑制度：紧抓数字化转型战略机遇 . 国务院发展研究中心《调查研究报告》专刊, 2019 年第 58 期（总 1686 期）.

[15] 马骏，袁东明，马源 . 创新制度供给 把握万物互联及智能化机遇 . 经济日报，2019-2-21（15）.

[16] 马骏，马源 . 数字化转型是由工业经济向数字经济演进的重大变革 . 中国经济时

报，2019-10-10.

[17] 马骏，马源 . 加快推进面向“互联网 +”的监管转型 . 国务院发展研究中心《调查研究报告》, 2016 年第 180 号（总 5063 号）.

[18] 马骏，马源 . 从网约车新模式看深化监管制度改革 . 国务院发展研究中心《调查研究报告》, 2018 年第 5 号（总 5280 号）.

[19] 马骏，马源 .“互联网 +”新模式监管制度创新的建议，行政管理改革, 2019（3）.

[20] 马骏，张永伟，袁东明 . 万物互联和智能化趋势下的企业变革、产业变革及制度供给 . 北京：中国发展出版社，2018.

[21] 王磊，马源 . 科学把握新兴互联网平台属性 . 经济日报，2020-2-4.

[22] 中国人民银行，2019 年第三季度支付体系运行总体情况，2019-11.

第五章 国家税收

迈向数字经济时代的税收制度转型

新技术的应用深刻改变了经济的运行方式，在推动经济增长的同时正在重新塑造各国内部和全球范围的利益分配格局。建立在工业社会基础上的现行税制体系和国际税收规则需要应对世界经济的数字化转型和以自动化、人工智能为代表的新技术革命的挑战。世界各国都面临着推动适应数字经济时代的税制改革，深化全球税制与征管协调的任务。

新技术的应用和经济运行方式的变化也为税务机关提供了崭新的涉税信息搜集和处理技术，大数据、区块链、电子货币与在线支付、物联网、云计算的发展将带来税收征管的革命性变革，并为逐步建立以数字经济为基础，高效、简化且更为公平的税制体系创造条件。

一、数字经济的特征

从 20 世纪 90 年代互联网带来的技术和商业模式创新开始发展到今天，数字经济已“从边缘走向中心”。

数字经济的商业模式以信息和通信技术（ICT）的快速创新和迅猛发展为基础，依托于网络基础设施，基于应用软件建立起来的各类电脑设备、移动设备（如智能手机）联结了越来越多的生产要素和消费者，促进了电子商务、在线支付、应用软件商店、在线广告、云计算、高频交易、参与式网络平台等商业模式的出现和迅速发展。同时，未来技术的发展还将继续推动数字经济在以物联网、虚拟货币、联网智能机器人、3D 打印、经济共享与协同生产等为代表的新领域的拓展，这势必进一步提高数字经济对传统产业的渗透性，加快整个经济体系的数字化转型。

在“数字经济日渐成为经济本身”（OECD，2015）的背景下，数字经济时代的来临将推动人类社会由工业社会向数字社会的转型，而税收制度作为联结经济基础与上层建筑最直接也是最重要的制度安排之一，也必然在数字经济带来的经济社会巨大变革中面临着进行调整和转型的挑战与机遇。

按照 OECD 发布的税基侵蚀和利润转移（BEPS）项目第一项行动计划报告《应对数字经济的税收挑战》的概括，数字经济的商业模式具有流动性、对数据及用户参与的依赖性、网络效应、多层面商业模式的扩展、垄断或寡头垄断倾向、波动性（Volatility）等特征（OECD，2015）。而这些特征的背后是信息和通信技术的迅猛发展带来的信息搜集、传递、储存和处理方式的革命性变化，这些变化改变了工业经济时代的生产组织方式、生产要素的空间布局以及生产与消费的联结方式，打破了现行税制和国际税收规则的基础。综合 OECD 概括的数字经济商业模式的特征，可以概括为以下三个方面。

（一）无形资产、数字化产品及其流动性

1. 无形资产的流动性

数字经济的流动性特征首先表现为对无形资产的开发与利用，无形资产

在企业中的重要性日益增长，投资和开发无形资产是数字经济领域各行业价值创造和保持企业快速发展及竞争优势的核心要素。相对于有形资产而言，不仅企业拥有的无形资产更容易分配和转移，资产的所有权和资产的开发活动可以轻易地分离，更为重要的是，随着无形资产在价值创造中的作用越来越重要且更具有独立性，以及大量数字化产品的出现，商品与服务之间的界限也日益模糊。

2. 数字化产品用户的流动性

从数字化产品使用者的角度，流动性也表现为用户的流动性，依托于网络、各种应用软件和便携式终端设备的发展，越来越多的用户在跨区域进行信息传递、处理及与无形资产相关的生产和消费活动，从而导致跨越物理边界的虚拟网络日益替代传统的物理空间成为包括用户从事商业、消费、社交等诸多活动的平台。对税收而言，这种流动性会导致确认最终消费地的困难，网络空间的匿名性特征也会影响对真实纳税人身份和位置的确认。而随着具有匿名性的虚拟货币的发展，包括税务机关在内的各国经济管理机构甚至会丧失网络空间活动与现实世界关联的最重要、在某种程度上甚至可以说是最后的线索。

3. 业务功能的移动性

从生产组织方式看，流动性表现为业务功能的移动性，经济的数字化能够显著降低“远距离复杂活动的组织和协调成本”，从而使企业拓展了进入远程市场的能力。在市场范围扩大的同时，跨国公司借助数字技术在加强总部集中管理的同时，得以将不同的业务和资产以更加专业化的方式配置在不同国家以更好地利用各国的比较优势，这导致了全球价值链的重新布局。而由于无形资产在企业价值创造中的地位越来越重要，无形资产的流动性不仅使得这种布局的调整更为迅速和便捷，同时也给跨国公司更大的空间来利用各国税制差异进行税务筹划。

（二）对数据、用户参与的依赖及多层面商业模式

信息和通信技术的发展改变了生产者与消费者之间信息搜集、传递和处理的方式。工业革命以来，石化能源的集中使用和电力的普及，电报、铁路、低成本大规模海运的出现促进了大规模标准化生产和经济全球化的发展，为不同区域和国家的市场提供标准化的工业制成品是工业经济时代的基本特征。

相对于工业经济时代，数字经济时代最大的改变在于数据搜集和处理能力的革命性发展使得生产者能够以可以接受的成本获取最终消费者（用户）的海量数据，这些数据既包括用户在使用数字经济相关产品时被企业自动或隐蔽获取的信息，也包括用户评价等消费者主动参与带来的信息。海量数据的获取导致商业决策进入大数据（Big data）时代，广泛的用户参与及其网络效应带来的数据改变了营销的基本模式并极大地提高了营销的效率，对这些数据的处理和应用进而向产业链的上游渗透，开始影响并改造物流、制造、设计等环节，为向特定群体提供差异化产品和大规模定制提供了可能，也由此产生了以统一的操作系统和应用软件为基础，以大数据应用为依托的区分不同市场、不同用户群体、不同商品和服务类型的多层面商业模式。

在用户参与带来的相关数据在价值创造中的作用越来越重要的情况下，数据成为数字经济时代重要甚至关键的资源，这为有能力获取包括用户参与数据在内的海量数据的企业带来了核心竞争优势及与之相关的超额利润，但同时也带

来了消费者隐私保护、数据权利归属等一系列问题。对税收制度而言，用户参与创造的价值以及与之相关的税收利益分配成为国际税收领域的一个突出问题。

在生产领域，传感器的普遍使用和未来物联网的发展也使得采购、制造、仓储、物流等各环节数据的及时搜集和处理成为可能，进而依托人工智能、自动化、3D 打印等技术的发展大大推动整个生产领域的自动化、智能化和柔性化。这是数字技术渗透到传统产业的基本路径，在大幅提高生产效率的同时，也将导致大量现有的“重复可编程”的就业岗位被机器替代，从而对就业结构产生重大而深远的影响。

（三）网络效应、零边际成本与垄断及波动性

信息和通信技术发展促进了人与人、生产者与消费者、生产内部各生产要素参与者之间日益密切的联结，未来随着物联网的发展，数字技术的应用将使人类社会迎来“万物互联”的时代，由此也使得网络效应成为数字经济时代商业模式最基本的特征之一。

网络效应带来的范围经济与科学技术的零边际成本特征是工业革命以来生产率提高的最大动力源泉，钱德勒将企业规模经济与范围经济视为工业资本主义的原动力①。数字经济时代，“万物互联”和无形资产在价值创造中地位的提高将不断提升网络效应和知识型产品的零边际成本特征在企业竞争中的作用，由此也进一步加剧了全球范围内数字经济领域垄断和寡头垄断的倾向。亚马逊、苹果、谷歌、脸书几乎完全垄断了全球主要数字市场相关产品的供给，这

① 小艾尔弗雷德·D. 钱德勒：《企业规模经济与范围经济——工业资本主义的原动力》（中译本），中国社会科学出版社1999年版。

意味着在这些领域实际上已经难以找到类似的、具有可比性的同行业企业，由此导致长期以来以“独立交易”为基本原则确定的国际税收转让定价规则难以有效运行。

而另一方面，技术的快速发展和市场边界的不断扩张也带来了数字经济领域创新的层出不穷，依托于新技术的加速迭代以及已有并正在不断扩大的数字基础设施（如云计算）和各类共享平台的建立和普及，网络效应和零边际成本也带来了新产品、新模式的创新以及开拓新市场的门槛在不断降低。数字经济商业模式在导致垄断和寡头垄断倾向的同时，也存在着巨大的波动性，这意味着数字经济领域仍存在着激烈的竞争。为应对技术迭代可能形成的竞争者，已经占据垄断地位的少数大企业仍要投入大量资源进行研发、收购初创企业，不断完善商业模式才能保持在市场上的优势和主导地位。

二、数字经济对现行税制的影响

现行的税制体系是伴随着工业社会的发展而逐步建立起来的，包括对企业和个人征收的企业所得税、个人所得税和社会保障税（费）；在商品、服务的生产和流通环节普遍征收的增值税（按增值额多环节征收）或零售税（在最终消费环节按销售额征收），以及选择部分商品（如烟、酒、成品油）选择性征收的流转税；对财产或财产交易征收的财产税。数字经济的发展改变了生产的组织方式和生产与消费之间的空间布局，生产要素的分布及生产与消费的空间布局对现行税制和国际税收规则产生了重大影响。

（一）数字经济对税制的影响

1. 企业边界的扩张与实体存在的弱化

就税收制度而言，数字经济的发展导致以生产要素在地理空间上集聚并采用科层制管理为特征的工业时代的企业，正在逐步被“没有任何重大实体存在”而又能广泛参与不同“税收管辖区”经济活动的大型网络平台所替代；生产、批发、零售各环节以及产业、行业之间的界限日益模糊，最终消费者与货物和服务提供者之间的空间距离不断扩大。这对以实体方式存在的企业及其分支机构为主要征税对象，按行业和区域划分税收的现行企业所得税、增值税和一国内部各行政辖区及国家间的税收利益分配产生了重大影响。

2. 生产组织方式与就业形态的变化

在工业革命之前的传统社会，家庭不仅是消费单位，同时也是基本的生产单位，如农户和家庭手工业。工业革命后，基于大规模生产和大规模销售的科层制大企业成为生产的基本组织形式，自然人作为劳动者不再拥有物质生产资料和生产管理的自主权，而是通过与企业建立雇佣关系，集中在企业提供的空间中与生产资料相结合进行生产，由此导致雇佣劳动成为工业社会劳动就业的主要形式，自然人的生产与消费，工作和生活也在空间上分离，家庭只是自然人生活和消费的空间，生产资料（中间投入）与消费品也易于区分[①]。现行企业所得税、对消费课税的税种（如零售环节的中间投入免税）、社会保险税

① 尽管这一时期始终存在着相当数量的自雇就业，但总体来看，雇佣劳动无疑是主要的就业形式。

（费）和个人所得税所得项目的划分及其征收方式在很大程度上都是以此为基础建立起来的。

数字经济的发展使企业对个人，个人对个人直接交易的市场环境和技术条件日趋成熟。在某种意义上，经济学家科斯指出的以降低交易费用为主要动因而建立起来的、以企业为主体的工业经济时代生产组织方式，随着信息和通信技术革命以及区块链等新技术的兴起正在被更为灵活的要素组合方式所替代。共享经济、众筹、众包、自媒体与知识付费、微商等业态的兴起导致自然人作为消费者和生产者边界变得模糊。而自动化、人工智能等新技术的广泛应用则会进一步深刻影响就业结构和就业方式。上述变化不仅使人口老龄化的经济体以雇佣劳动报酬为主要来源的社会保障筹资模式更加难以维持，新技术应用对劳动报酬实现形式和收入分配的影响也对个人所得税改革提出了新的要求。

3. 生产资料的构成形态

数字经济的发展在深刻影响生产组织方式和劳动就业形态的同时，也对生产资料的构成形态产生了重大影响。在工业经济时代，科学技术的持续进步成为推动生产发展和经济增长的主要动力，但受到交易条件等因素的制约，技术的价值不仅通过知识产权等无形资产的形态存在，在生产领域更多地通过以机器设备为主的有形生产资料的形态存在。数字经济以及自动化、智能化的发展不仅导致软件（代码）等无形资产在生产中的重要性不断提高，知识产权、特许权使用费等资产与有形资产进一步区隔和剥离的趋势也日益明显。而随着经济的发展和人均收入的增加，服务消费在最终消费中的比重逐步提高，需求结构的深刻变化也使得无形资产在价值创造中的作用进一步提高。

（二）数字经济发展对中央与地方税收分配的冲击

对国内电子商务而言，随着电子商务交易额的不断提高，电子商务企业和电子商务消费者区域分离的趋势日益明显。电子商务交易可以以较低的成本实现全国市场的覆盖，这与传统批发和零售企业的交易半径较小，通常局限在特定行政区域的情况有很大差异。

在各州拥有税收立法权并普遍采用零售环节消费税模式的美国，跨州的零售贸易导致各州之间的税收分配问题最早出现在远程邮寄销售领域，但随着电子商务的发展，跨州零售贸易的大幅增长使得这一问题日益突出。美国解决这一问题的方法是由电子商务企业按照物流地址（邮政编码）根据各州的税率代收代缴零售税，但如果各州零售税率不同，这一做法无法有效解决在低税率的州设置邮箱公司避税的问题。从长期看，统一各州的零售税率可以解决这一问题，但这涉及各州的税收自主权并对美国基本的政治体制产生影响；而如果要求各州的消费者向州税务机关就电子商务交易申报缴纳流转税则涉及基本税收征管制度的改革。

在我国，在增值税作为中央和地方共享税的体制下，国内电子商务的发展同样会对现行的分税制财政体制造成冲击。随着与消费者数量和消费能力匹配的区域性批发和零售企业逐步被远程电子商务企业替代，按照属地管理方式征收的增值税会向电子商务企业聚集的区域集中。在 B2C 领域，目前已形成了阿里巴巴、京东等少数几个大的电商平台。2019 年，全国网上零售额 106324 亿元，比上年增长 16.5%。其中，实物商品网上零售额 85239 亿元，增长 19.5%，占社会消费品零售总额的比重为 20.7%；在实物商品网上零售额中，吃、穿和用类商品分别增长30.9%、15.4%和19.8%[①]。电子商务的发展和极高的行业集中度加剧了区域间税源分布的不均衡。

此外，数字经济的发展对生产要素和价值链空间布局的影响同样也会对国内增值税的税源划分产生重大影响。举例来说，一个贵州的消费者在财务中心在江苏（发票开具地）、运行总部在北京、研发中心在深圳、仓库在天津的电商平台购买笔记本电脑的增值税应如何分配？

在"营改增"全面试点推开后，增值税中央和地方分享比例调整为5：5，增值税地方分享比例的提高会进一步加剧生产地与消费地税源分配的问题。

（三）数字经济发展对国际税收规则的冲击

数字经济发展带来的生产地与消费地的分离也使得建立在工业社会税制基础上的区域之间税源划分面临着严峻挑战。如果说，数字经济发展对一个国家（税收管辖区）内部的影响可以通过税制改革、支出政策和政府间转移支付的调整予以应对，但当这种影响超越了税收管辖区的边界则需要调整现行的国际税收规则。

在所得税领域，数字经济的发展导致跨国公司对全球价值链布局进行重新调整，大型科技公司利用知识产权等无形资产在低税地设立利润中心，没有重大实体存在的企业直接跨境提供数字化产品和服务，大型网络平台在全球范围提供免费服务并通过搜集和利用用户信息获取在线广告收入，这些都带来了利润实现地与经济活动发生地和价值创造地的背离。在间接税领域，跨境电子商

① 国家统计局：《2019年国民经济与社会发展统计公报》，http://www.stats.gov.cn/tjsj/zxfb/202002/t20200228_1728913.html。

务带来的低价值货物进口、数字化产品和服务的直接跨境交易对以企业及其常设机构为征税对象的增值税（货物劳务税）、零售税、消费税（Excise Tax）、关税的征收带来了冲击，跨境贸易的间接税制调整也迫在眉睫。

现行税制及其征管模式调整的相对滞后也产生了传统工业经济与数字经济之间税负的差异，而这种差异反映在国家层面则表现为数字经济发展程度不同的国家对相关领域税制改革，尤其是国际税收规则调整的立场、倾向和政策主张的差异，这是工业经济向数字经济转型过程中税制改革和全球税制与征管协调需要面对的基本问题。

三、应对数字经济的国际税收规则调整

数字经济的发展经历了“从边缘到中心”的演变过程。20 世纪 90 年代在美国发生的以“互联网”革命为代表的新经济浪潮可以视为数字经济时代的开端，面对电子商务等商业模式的兴起对国际税收规则的冲击，美国、欧盟等主要发达国家和地区对电子商务的税收政策出现了分歧，但总的来看，由于当时数字经济的发展处于起步阶段，其在经济中的份额和影响有限，在保持现有税制框架的基础上进行必要的调整是这一时期应对数字经济对税制冲击的基本原则。

21 世纪以来，尤其是 2008 年国际金融危机爆发后，由于数字经济在全球范围内的迅猛发展，在数字经济的规模持续扩大及其对传统产业的渗透性日益凸显的情况下，加之国际金融危机后世界主要国家财政状况的恶化和实施“财政整顿”的压力，具有垄断地位的高科技企业在全球实施的“税基侵蚀和利润

转移”愈演愈烈，由此带来了日益严重的双重不征税或少征税以及国家之间税收利益分配不均的问题，为应对数字经济的挑战而对国际税收规则进行根本性的调整成为国际社会的共识。但如前所述，由于数字经济发展程度和现有税收利益的差异，主要国家之间仍在诸多领域存在分歧。

（一）数字经济带来的国际税收问题

数字经济带来的国际税收问题主要表现在三个基本领域：一是在直接电子商务领域数字化产品对现行流转税征收体制的冲击；二是间接电子商务领域低价值货物进出口对各国进口环节增值税和出口退税制度的冲击；三是所得税领域，利润实现地与经济活动发生地和价值创造地的背离问题。

1. 数字化产品的直接电子商务对增值税的冲击

数字经济导致生产与消费之间空间布局的改变，生产者可以跨越国（关）境直接面对全球消费者进行零售，这给增值税制的运行带来了重大影响。在服务贸易领域的直接电子商务模式，也就是通过互联网可以完成全部交易环节的电子交易，包括数字化的产品，如音乐、电影、媒体、软件、书籍以及通过互联网可以直接实现的服务，如远程咨询、数据处理等，由于其可以不依赖于有形货物的运输和交付，因此能够轻易绕过海关代征增值税的环节。如果直接电子商务的出售方在消费者所在的国家（或地区）没有实体性存在，按照增值税征收的消费地原则，服务提供国（或地区）如何实施出口退税、服务进口国（或地区）如何征收增值税成为征管的难题。而且如果 A 国（或地区）的居民在 B 国（或地区）期间通过下载方式购买了位于 C 国（或地区）服务器上的

D 国（或地区）居民的书籍，如何征收并分配增值税？

以欧盟为例，由于各成员国未实现增值税税率的统一，2015 年前，欧盟规定按照服务提供商所在国的增值税率计征增值税，这使互联网零售企业选择在税率较低的欧盟国家设立地区总部而面向全欧盟国家销售数字产品。这造成了欧盟内部税收权益分配的不均衡。为解决这一问题，欧盟规定自 2015 年 1 月 1 日起，无论电子商务公司是否在欧盟成员国成立，必须向消费者所在国按该国税率缴纳增值税，这一规定适用于所有向欧盟境内提供服务的电子商务公司。[①]

2. 间接电子商务对进口环节增值税和出口退税的影响

对于间接电子商务，即利用互联网进行的有形货物的销售，在全部交易环节中至少有形货物送达购买方仍需要依赖物流的情况下，各国普遍认为应适用与线下交易相同的税收制度，需要缴纳关税和进口环节增值税。但在税收征管中，B2C 的跨境交易使一国（或地区）境内的购买者并不是传统意义上的进口商，而是作为个体的消费者。对跨境零售出口国（或地区）而言，需要制定和完善零售出口的增值税退税政策，而对于进口国（或地区）而言，如果出口商在国（关）境内没有常设机构应如何征收进口环节增值税？是通过国际协调要求在境外的非居民企业为本国（或地区）代缴增值税，还是要求境外出口商必须在境内登记备案并代缴增值税，或者要求境内自然人消费者直接向税务机关申报纳税？

近期我国对跨境电子商务零售进口税收政策的调整，反映了电子商务发展对传统进口环节增值税征收机制的影响。如果跨境电子商务零售进口的关税和增值税无法有效征收，不仅直接冲击了现行的关税政策和一般贸易进口，进口环节

① http://www.ctaxnews.net.cn/html/2016-01/27/nw.D340100zgswb_20160127_1-05.htm?div=-1.

增值税的缺失更为重大的影响是违反了税收公平的基本原则。如果国内企业采取先出口到邻近的保税区（运输成本较低）并获得出口退税，再通过零售进口的方式不交或少交进口环节增值税的模式，国内增值税征管体系将面临重大冲击。

需要注意的是，这次政策调整中对跨境电子商务零售进口商品的单次交易限值和个人年度交易限值的规定需要依托跨境电子商务零售进口商品购买人（订购人）身份信息的认证，实际上已经将自然人消费者纳入了增值税的征管范围，这是增值税征收机制的重大变革。

3. 利润实现地与经济活动发生地和价值创造地的背离

数字经济的发展对现有国际税收规则已经产生了巨大的冲击，跨国公司利用数字经济商业模式的特征进行的全球税务安排造成了利润实现地与经济活动发生地和价值创造地的背离，这造成了“双重不征税”和各国之间税收利益分配的不均衡。具体来说，数字经济对所得课税的国际规则的冲击主要表现在以下几个方面。

一是常设机构和联结度规则。数字经济发展带来的无形资产价值的提升，以及无形资产的流动性和业务功能的转移性等特征使得跨国公司可以依托数字技术重新进行运营管理、研发、售后服务、交易支付等生产要素的布局，远程管理的服务器能够承担原本由传统的常设机构承担的职能，从而给以常设机构认定为基础的国际税收规则带来巨大冲击。如何根据数字经济商业模式的特征修订现有的联结度判定标准，以建立确定所得来源地的新规则，是国际税收制度调整的重大问题。

二是利润归属规则。修订常设机构的定义并建立新的联结度规则，只是部分解决了没有传统实体存在的国家（税收管辖区）拥有对来自本国所得的征税权。由于无形资产在数字经济领域的价值创造中发挥越来越大的作用，而无形资产的价值实际难以准确评估，同时数字经济领域具有市场垄断特征，因此在总体上缺乏可比的独立交易，这导致传统的以“独立交易原则”为基础建立的现行转让定价及相应的利润归属规则难以适用。如果以各国的市场份额为依据直接或间接进行利润划分，则意味着传统的所得课税的来源地原则将被市场所在地原则全部或部分取代，所得税与消费税的分配规则将趋同。

三是数据和用户参与在价值创造中的地位。尽管近年来在 BEPS 包容性框架下针对跨国公司的避税行为形成了“利润应在经济活动发生地和价值创造地征税”的总原则，但在数字经济领域，由于对数据和用户参与的依赖是数字经济商业模式的突出特征，因此产生了原始数据本身是否具有价值，用户参与或贡献在价值创造中的作用如何准确地计量等问题，而对上述问题的争论直接影响了利润归属规则的确定。

（二）OECD 应对经济数字化税收挑战的措施

从 20 世纪 90 年代末发布《电子商务：税收框架条件》报告开始，OECD 在协调各国的电子商务税收政策，研究制定应对数字经济的国际税收规则方面始终发挥着重要的作用。近年来，OECD 受 G20 委托推出了“应对税基侵蚀与利润转移行动计划”（BEPS），并在 BEPS 包容性框架下致力于形成国际社会应对数字化税收挑战共识性解决方案，提出了应对经济数字化挑战的原则和诸多措施。

1.《电子商务：税收框架条件》报告

1998 年 10 月，OECD 在加拿大渥太华召开的关于电子商务的部长级会议上通过的《电子商务：税收框架条件》报告中确定了电子商务税收的 5 项基本原则并提出有关政策建议，作为当时指导各国制定电子商务税收政策纲领性文件。这 5 项基本原则如下。

中立性：税收应在电子商务不同形式和传统及电子形式商务之间寻求中立性和公正性。商业决定应该是出于经济的考虑，而非出于对税收因素的考虑。纳税人在相似情况下进行的类似的交易应该受到同样的税收待遇。

效率性：合规遵从成本和税务机关的行政费用应尽量减少。

确定性和简易性：税收法规应清晰及简明易懂，让纳税人可以预计有关交易的税务后果，包括知道何时、何地履行的纳税义务及应纳税额应如何核算。

有效性和公平性：税收规则应在正确的时间产生正确的税款。逃税及避税的潜在风险应尽量减至最小，同时对抗风险的措施应与风险相称。

灵活性：税收系统应该是灵活和不断发展变化的，以确保它们跟上技术及商业发展的步伐。

OECD 认为，这些原则在现阶段仍然适用，并且在对其做了必要补充后，也可作为基础用以评估数字经济下面临的税收挑战的备选应对方案[①]。

渥太华会议后，“技术咨询小组”（Technical Advisory Group）继续进行了对常设机构有关营业利润归属和涉及电子商务情况下有关实际管理机构所在地的概念及税收协定条款的修订等工作。

2. BEPS 包容性框架下应对数字经济税收挑战的方案

在 OECD 2013 年 7 月发布的《应对税基侵蚀与利润转移的行动计划》（简

① OECD：《G20税基侵蚀和利润转移（BEPS）项目第1项行动计划：应对数字经济的税收挑战》，国家税务总局2015年中文版，第15页。

称“BEPS 行动计划”）中，将应对数字经济的税收挑战列为行动计划的首要项目。2013 年 9 月，OECD 专门成立“数字经济工作组”（TFDE），作为其财政事务委员会的下属机构，具体负责数字经济税收规则的研究工作。2016 年关于 BEPS 的包容性框架建立后，该工作组又成为在该框架内推动成员方就应对经济数字化税收挑战达成共识性最终解决方案的重要机构。

2018 年 3 月，包容性框架通过数字经济工作组发布了《数字化带来的税收挑战的中期报告》。该报告分析了数字经济新的和不断变化的业务模式，虽然各成员并没有就结论达成共识，但仍将继续努力，争取在达成共识的基础上进一步提出长期解决方案。

2019 年 1 月，包容性框架发布了《应对经济数字化带来的税收挑战的政策说明文档》，就征税权利的分配、修改利润的分配、关联规则以及其他尚未解决的 BEPS 问题提出建议，提出了作为长期解决方案基础的两大核心问题，称为“双支柱方案”。

2019 年 2 月 13 日，OECD 发布了《税基侵蚀与利润转移项目公开咨询文件：应对经济数字化的税收挑战》（以下简称《公开征询文件》）。2019 年 5 月 31 日，以各方对《公开征询文件》的反馈为基础，OECD 发布了《工作计划——制定应对经济数字化带来的税收挑战的共识解决方案》（以下简称《工作计划》）。2019 年 6 月 9 日在日本福冈召开的二十国集团（G20）财长和央行行长会议上，《工作计划》获得通过。该《工作计划》所包含的“双支柱方案”，致力于从两个层面解决经济数字化带来的税收挑战。2019 年 10 月 9 日，OECD 发布《秘书处关于第一支柱任务中“统一（征税）方法”的建议》公开征求意见，该建议提出了初步的全球统一的对数字经济征税规则。

支柱 1 主要解决数字时代跨境经济活动所产生的所得由谁征税的问题。针对因没有实体存在而无法课税的现实，提出了用户参与、营销型无形资产、显著经济存在三个建议，要求"课税权的重新分配"或形成"新课税权"，将更多的课税权分配给消费者或用户所在的辖区，即"市场辖区"。支柱 1 在政策层面主要解决三个问题：一是如何将适用"新课税权"的利润额分配给不同的市场辖区，即修订利润分配规则；二是设计新的联结度规则，使相应的市场辖区对分配给其的利润额有权课税；三是设计落实"新课税权"实施及相应征管的各种工具，提出有约束力的仲裁机制以有效消除双重征税及解决税收争议（韩霖，2019）。

支柱 2 旨在通过制定所得纳入规则（an income inclusion rule）和税基侵蚀支付课税规则（a tax on base eroding payments rule）[①]这两项相互关联的规则来解决 BEPS 的其他遗留问题，即 BEPS 现有的 15 项行动计划仍未解决的问题，因此也被称为"全球反税基侵蚀建议"[Global Anti-Base Erosion（GloBE）Proposal]。GloBE 提案将通过修改国内税法和双边税收协定的方式来实现。

与《公开征询文件》相比，《工作计划》保留的"双支柱"的框架，形成了用来解决问题的具体政策建议，这些建议触动了国际税收规则的核心——税收管辖权分配，同时提出了有约束力的仲裁，这意味着国际税收的多边合作及其实施机制将发生本质性的改变。由于《工作计划》触及国际税收分配规则的巨大调整，具体政策建议在实施中也存在大量问题需要进一步明确，各方能否以此为基础达成具有可操作性的长期解决方案还有待进一步观察。

---

① 所得纳入规则是指如果跨国公司国外分支机构或受控实体的所得适用的有效税率低于一个最低水平，所得纳入规则要求将该部分所得归属于公司股东或总公司，并对其课税。这一规则主要保护的是居民国的税收权益，可以看作对受控外国公司（CFC）规则的补充。政策实施的效果是形成了一种全球性最低税（global minimum tax），即当跨国公司国外所得适用税率低于最低水平时，居民国利用所得纳入规则对其课税，使其适用税率达到最低水平。税基侵蚀支付课税规则旨在保护来源国税收权益，具体又包括征税不足支付规则（undertaxed payment rule）和应予课税规则（subject to tax rule）两个规则。参见韩霖，2019。

（三）单边行动

在 G20、OECD、欧盟等国际或区域组织寻求多边解决方案，致力于基于全球共识达成长期统一解决方案的同时，不少国家已经开始采取单边行动来解决数字经济造成的税收利益分配不均衡的问题。其中，作为直接的、补充性的短期的解决方案，主要包括针对数字化企业的流转额征收均衡税、针对数字化交易征收预提税，或者对提供数字化服务或广告活动的收入征税等措施。

近年来，各国采取的单边行动主要有：印度对于向外国公司因其提供在线广告服务而支付的款项，按 6% 征收“均衡税”，澳大利亚和英国针对“规避常设机构”征收的转移利润税（Diverted Profits Tax，DPT），意大利目前正在推进针对数字化交易实行预提税，并修改来源地征税所要求存在的关联。法国开征了数字服务税，规定在 OECD 层面就数字经济税收达成一致方案前，对年全球营业额超过 7.5 亿欧元、法国国内营业额超过 2500 万欧元的居民和非居民公司，就其来自于法国的在线广告收入、销售用于广告目的的个人数据及提供点对点在线平台服务的收入，按 3% 税率征税[①]。

四、数字经济对税收征管的影响

随着第二代互联网、移动互联、云计算、在线支付等技术的发展，信息传递和交易成本迅速下降，这进一步促进了专业化分工、外包的发展，众筹、众

① 美国强烈反对法国单方面征收数字服务税，美国贸易代表办公室宣布启动301条款对此展开调查。

包、平台经济、共享经济等崭新的商业模式正在渗透到经济的各个领域，而随着物联网、电子货币、区块链技术的逐步成熟和推广应用，工业革命以来形成的传统经济运行方式会发生翻天覆地的巨大变革。

（一）数字经济对税收征管带来的挑战

在传统经济模式下，经济活动的主体是企业，企业的基本组织模式是通过各种生产要素在空间上的集聚，采用金字塔式的科层制管理方式运行的。在这一模式下，自然人主要是通过被企业（组织）雇佣获得人力资本的报酬，自然人的储蓄转化为投资主要依托于金融机构，而企业也是向自然人提供私人消费的主体。因此，传统经济模式下的企业是税收征管的主要对象，在以流转税为主体的国家，企业纳税人则更为重要。

然而，数字经济发展导致的交易成本下降使得生产要素在空间上集聚的必要性大大降低，传统科层制大企业正在被更为灵活的生产要素组合模式所替代，尽管规模经济的存在仍然会维持大企业的效率优势，但在更强调创造性的行业和面对多样化小批量需求的领域，依托于数字经济技术和网络的平台经济正在崛起。而共享经济的发展也进一步造成了自然人作为消费者和生产者边界的模糊化，个人对个人的直接交易的市场环境和技术条件也日益成熟。上述发展趋势势必对以企业纳税人为主建立起来的税收征管体系带来了巨大的挑战。近年来，税务机关面临着对电商平台中未进行纳税登记的自然人纳税人的征管难题，未来还会面临对使用私家车兼职甚至全职进行运营的个人征收增值税等越来越多的问题。

（二）数字经济发展对税收征管的促进作用

从另一方面看，数字经济发展带来的信息集聚和处理效率的提高也为税收征管的根本性变革提供了技术基础。税收征管的核心问题是两种类型的信息不对称：一是纳税人与税务机关在税收制度和政策方面的信息不对称，由于税制的复杂化和自行纳税申报制度的建立，对中小纳税人和自然人纳税人而言，这种信息不对称直接影响了纳税人依法纳税能力的提高，需要税务机关提供优质的纳税服务来缓解；二是在涉税信息方面，纳税人对自己的交易信息更为了解，税务机关与纳税人之间存在着基本的信息不对称。这需要税务机关通过纳税评估、风险识别和税务稽查、处罚来发现虚假涉税信息并促使纳税人主动遵从。

从现阶段看，数字经济的发展对缓解这两类信息不对称都有直接的作用。对纳税服务而言，利用网络、App、电子支付等手段提供全面、及时、统一、高质量且边际成本较低的税法确定性服务和缴纳税款服务的条件日渐成熟；而如果能够解决信息共享的体制障碍并有效控制相关风险（如数据泄露与隐私权的保护等），税务机关也具备了汇集和高效处理信息的技术条件。在这个意义上，数字经济的发展为税收征管的现代化提供了技术保障。

除了建立部门之间的信息共享机制外，当前利用数字经济和电子商务的发展大力推行电子发票是提高涉税信息归集和处理的重要措施。但是，电子发票的推广不能仅仅将电子发票视为纸质发票或网络发票的升级版，要摆脱“以票管税”的传统思路。发票同时具有商事凭证、记账原始凭证和税收管理工具三个职能，而这三个职能对应着同一个真实的交易，发票的后两个功能是依附于商事凭证的附加功能。推行电子发票要着眼于其作为记载真实交易的商事凭证的功能，努力实现交易、支付、物流信息的集成和一体化，未来借助物联网技术、区块链技术还可以将其与商品和服务的认证和追溯系统相联系。因此，电子发票应定位于微观经济活动主体之间真实交易信息电子化的载体，同时重视其作为报销凭证和记账原始凭证对财务会计数字化的作用，只有在这一基础上，电子发票才能为税收征管的现代化提供基于真实交易的坚实基础。

从长期来看，数字经济时代税收征管模式的变革主要是技术驱动的，如何在传统税收信息化的基础上，跳出现有税收征管的技术约束，构造具有前瞻性，以云计算、大数据、物联网和人工智能驱动的新型征管技术框架是各国税务机关在数字经济时代面临的关键问题。

（三）基于征管变革的数字经济时代税制的重构

在数字经济发展的早期，其规模和对经济的影响不足以撼动几百年以来建立起来的适用于大工业时代的税制体系，因此税收“中立性”原则主要是指现行税制要努力适用于数字经济。但是，在数字经济逐步从“边缘”走向“中心”并正在持续而深刻地改变经济基本运行方式的时代，我们迫切需要对适应数字经济时代的税制进行前瞻性思考。

从税收征管的角度看，在大数据时代，交易、物流、支付信息的电子化和数据处理能力的提高，使得税务机关有可能获取全样本的涉税交易信息并通过支付的电子化实现税款的自动征收。而在经济活动日益国际化、平台化、碎片化，生产者和消费者的边界日益模糊，生产要素的组合和流动在更大的范围和更深的层次超越民族国家的边界，自然人纳税人在经济活动中的地位不断上升的背景下，基于以企业作为最重要的经济活动主体，以制造—批发—零售模式建立起来的企业所得税和增值税体系将难以维持，未来数字经济时代的税制将很有可能最终放弃对日益复杂和难以识别的企业以及流转环节的征税，而将征税的主体聚焦为自然人并依托收入和支付信息的电子化征收个人所得税和由消费者直接缴纳的“真正意义上”的消费税（张斌，2016）。

五、我国促进数字经济时代税制转型的原则与措施

当前，我国经济正由高速增长阶段转向高质量发展阶段，经济的数字化转型是实现创新驱动发展战略的关键环节，也是国家间，尤其是中美之间科技、经济竞争的核心领域。在妥善应对数字经济发展带来的诸多挑战的同时，更要从战略的高度把握经济社会数字化转型对国家治理体系和治理能力革命性变革带来的机遇，而这将是未来大国之间制度竞争的主战场。

（一）促进数字经济时代税制转型的原则

就税收制度而言，近年来我国数字经济迅猛发展，电子商务和平台经济发展带来的区域间税源分布不均衡的问题逐步显现；数字经济发展带来的商业模式创新也给现行税制和征管带来了一定程度的挑战。在国际税收方面，我国作为数字经济大国，在进一步扩大开放的进程中，如何更加深入地参与国际税收规则的调整，切实维护我国和发展中国家在数字经济时代的税收权益也是当前面临的重要问题。针对上述问题，适应数字经济时代的税制转型要坚持以下基

本原则。

第一，坚持税收“中立性”和“包容审慎”的原则。以数字经济为代表的新经济，尤其是自动化、人工智能、区块链等技术变革将对所有行业产生影响，在“数字经济日渐成为经济本身”（OECD，2015）的情况下，难以从税收的角度有效区分数字经济和其他经济形式，同时考虑到税制公平和平稳过渡的需要，应重视税收的“中立性”原则，即确保税收对工业经济和数字经济的中性对待。同时，对经济数字化转型对原有税收制度的冲击，应采取“包容审慎”的原则，在坚持税收实质性公平的同时，对诸如跨境电子商务税收等政策进行适时调整。

第二，以税收征管数字化驱动税制改革。数字化转型为税务机关搜集利用涉税信息和优化征管流程提供了革命性的技术手段，应大力推动税收征管数字化与经济数字化同步发展，在大幅提高税收征收率和降低税制运行成本的同时推进现行税制的持续优化。最终争取在税收征管数字化的基础上率先建立高效、简化、更为公平且具有国际竞争力的数字经济税制体系。

第三，以“开放包容、合作共赢”为原则推动国际合作。参与 OECD/G20 税基侵蚀和利润转移（BEPS）包容性框架的国家和税收管辖区，围绕应对数字经济带来的税收挑战，正在致力于形成全球性税收解决方案。同时，美国与欧洲国家围绕以谷歌、亚马逊、脸书、苹果为代表的大型科技公司的税收规则问题存在激烈的争论。而在欧盟内部，是出台临时性税收措施，还是与全球性税收解决方案保持一致，目前也未达成一致。部分国家，如法国、英国已决定对达到一定标准的全球数字服务企业征收数字服务税。在 OECD/G20 税基侵蚀和利润转移包容性框架下积极参与应对数字经济挑战，推进国际税收体系现代化的国际合作，在尊重各国按照本国国情行使税收主权的同时，落实、深化已经达成的各项共识和行动计划，按照经济活动发生地和价值创造地征税的原则切实维护发展中国家的税收利益，致力于达成以促进公平竞争和税收利益公平分配为目标的全球一致性税收解决方案。

（二）促进数字经济时代税制转型的措施

在工业经济向数字经济的过渡时期，世界各国都面临着现行税制和国际税收规则调整乃至重构的任务。我国作为肩负着传统产业转型升级和数字化双重任务的发展中大国，也要同步推进税制的现代化与数字化。

近年来我国坚持“中立性”原则，采取了包容审慎的税收政策，并针对数字经济发展带来的突出问题进行了相应税制调整，如跨境电子商务进出口领域的税制改革。同时，税务机关致力于利用数字技术推进“互联网＋税务”的改革，依托于“金税工程”征收管理信息系统的不断升级，基于大数据的纳税评估、电子税务局、电子发票和区块链技术的应用推动了中国税收征管的数字化发展，为适应数字经济时代的税制改革奠定了初步的征管基础。以电子发票为例，2013 年 6 月京东商城开出首张电子发票，2015 年 12 月中国税务机关在全国范围推行增值税电子发票系统，2018 年 8 月深圳市税务局开出了全国首张区块链电子发票。电子发票的迅猛发展是数字技术与税收征管相结合的典型案例，在大幅降低企业税收遵从成本的同时也为税务机关提供了高效便捷的信息搜集渠道，适应了数字经济发展的需要，也推动了税收征管的数字化发展。

未来，应从以下几个方面进一步推进适应数字经济时代的税制转型。

第一，要深入开展数字经济对税收制度影响的研究。结合数字经济时代经济运行的特征，就业结构与收入分配格局的变化，对适应数字经济的税制模式和税制改革进行前瞻性系统研究。

第二，要继续推进“互联网＋税务”的改革。通过“金税工程”征管信息系统的不断升级，实施基于大数据的纳税评估与服务，推动电子税务局、电子发票和区块链技术的应用，在法律上合理划分税务机关、纳税人与平台企业的权利义务关系，为适应数字经济时代的税制改革奠定征管基础（张斌，袁东明，2019）。

第三，要按照“竞争中性”原则缩小行业间的税制差异。应加快推进增值税简并税率改革，不断优化税收优惠政策体系，逐步缩小基于产业划分的选择性税收优惠政策范围，加大普惠性税收优惠政策的力度。

第四，根据数字经济运行的特征，优化中央与地方税收划分。针对数字经济发展对区域税收分配的影响，结合中央与地方政府间财政关系调整和地方税体系建设，研究完善增值税、企业所得税等税种的收入在区域间的划分规则。

第五，进一步加强国际合作，在国际税收规则调整中切实维护我国及发展中国家的税收利益。在目前 BEPS 包容性框架下积极参与推进国际税收体系现代化的同时，应高度重视相关规则调整对我国利益的影响，适时提出相关领域的“中国方案”。数字经济对发展中国家既是挑战，也是机遇。国际社会不仅要帮助发展中国家完善数字经济的基础设施，同时也要在推进国际税收体系现代化进程中，按照经济活动发生地和价值创造地征税的原则切实维护发展中国家的税收利益。此外，国际社会还应着重帮助发展中国家税务机关提高应用数字技术的手段和能力，推动税收征管的数字化发展。

第六，从长期看，数字经济的发展将导致对企业及流转环节的征税日趋复杂和难以识别，未来应探索建立以自然人纳税人为主体，以收入和支付信息电子化为依托，以低税率、广覆盖、高效率为特征的数字经济税制体系。

执笔：张　斌

（中国社会科学院财经战略研究院）

参考文献

[1] OECD. G20 税基侵蚀和利润转移（BEPS）项目第 1 项行动计划：应对数字经济的税收挑战 . 国家税务总局 2015 中文版 .

[2] 格奥尔格・科夫勒，甘特・迈尔，克里斯托弗・施拉格 . 陈新 . 数字经济税收："权宜之计"还是长效解决？ . 国际税收，2018（2）.

[3] 韩霖 . OECD 应对经济数字化税收挑战的工作计划：简介与观察 . 国际税收，2019（8）.

[4] 廖益新 . 应对数字经济对国际税收法律秩序的挑战 . 国际税收，2015（3）.

[5] 刘奇超，罗翔丹，刘思柯，贾茗铄 . 经济数字化的税收规则：理论发展、立法实践与路径前瞻 . 国际税收，2018（4）.

[6] 张斌，袁东明 . 迈向数字时代的国家税收转型 . 中国经济时报，2019-10-29（A04）.

[7] 张斌 . 数字经济对税收的影响：挑战与机遇 . 国际税收，2016（6）.

[8] 朱炎生 . 经合组织数字经济税收规则最新提案国家间利益博弈分析 . 国际税收，2019（3）.

第六章 经济统计

工业经济向数字经济过渡的统计制度创新

随着新一轮科技革命和产业革命的孕育爆发，数字经济作为一种新产业、新业态应运而生、蓬勃发展，深刻改变着世界经济的发展动力、发展方式，重塑社会治理格局，数字化治理已成为各国治国理政的基本方式。目前，数字经济在中国发展势头强劲，对国民经济的贡献率不断提高，成为中国经济创新转型的新引擎。数字化转型加速了经济社会活动的数字化、网络化和智能化变革进程，也让数字经济的内涵和边界不断延伸，由此给数字经济统计带来新需求。只有与时俱进，加快统计体系变革，构建数字经济的统计监测和评价体系，才能为更好地度量数字化转型提供定量依据。

一、数字化转型对政府统计测度产生深远影响

当前正处于数字化改造提升旧动能、培育壮大新动能的发展关键期，数字经济的统计与测度任重而道远。数字技术在经济社会各领域的广泛渗透和深度融合，加快了产业数字化进程，对传统的国民经济核算体系产生了深刻影响，加快统计制度创新已势在必行。

（一）数字化转型为拓展数据来源和丰富统计手段提供了新机遇

当前的统计制度主要构建在选点抽样、定时上报、汇总推断的基础上，样本量相对比较有限、数据时滞性较强、统计成本较高，统计结果在一定程度上可能受到人为因素的干扰。而在数字经济时代，人类 95% 以上的信息都以数字格式存储、传输和使用，数据渗透到人类社会生产、生活的各个方面，推动人类的创造能力发生新的飞跃。

近年来，数字技术的广泛应用，让用户的在线行为数据得以实时记录和留存，让微观市场主体的经济活动通过线上完成，由此积累起海量、多维、实时的微观主体数据资源，我国已成为名副其实的数据大国。这大大拓宽了统计部门的数据来源，与现有抽样数据形成互补，显著增强了统计数据的多维性、及时性和准确性，让实时统计经济社会运行状况成为可能；同时大数据技术进一步推动了统计理念、分析手段及处理工具的重大变革，为解放和发展统计生产力、提升统计工作现代化水平提供着有力支撑。

（二）数字经济跨界融合共享等特征给统计测度带来了新挑战

近年来，国际社会和国内外学者围绕数字经济的界定和统计开展了大量探索，主要在数字经济的核算方面进行了多种尝试，但数字经济的跨界融合、免费服务等特征给其测度带来了全新挑战。

1. 模糊的统计范围提升了“漏统”风险

数字技术的发展日新月异，数字技术的发展贯穿不同行业、不同部门，跨界、融合、混业现象突出，新的商业模式层出不穷，导致数字经济的内涵外延不断拓展，再加上不同国家的数字化推进阶段和统计基础不同，目前国际上难以直接对数字经济给出一个公认的、国际可比的统计范围。以共享经济为例，顺风车使原本作为消费品的私家车具备了投资品的属性，GDP 核算时将这些轿车作为消费品处理还是作为投资品处理就存在争议，共享住宿、知识分享等也是类似问题；而且这些产品和服务的提供者以居民个人为主，而现行的统计制度是以法人单位和个体经营户为主体来获取生产数据的，因此按照现行 GDP 核算制度很可能造成这部分分享经济活动的漏算。同时，通过互联网平台，消费者对消费者（P2P）、消费者对企业（P2B）可以进行交易，颠覆了传统的企业对企业（B2B）、企业对个人（B2C）的交易模式，给生产者和消费者的划分带来挑战。通过互联网达成的跨境贸易，其数据受制于隐私权等法律问题不易取得，消费者和生产者的所在地也难以确定。此外，现有统计分类尚难以对数字化产品做出明确分类，如传统汽车属于制造业，但自动驾驶汽车是深度数字化产品，这就需要进一步细化统计范围，否则很容易产生“漏统”风险。

2. 现行 GDP 核算体系难以处理免费问题

现行 GDP 核算体系记录的是增加值，难以处理人们可能获得的免费服务。数字化催生了在线订票、挂号、缴费以及 ATM 存取款等大量免费自助服务；随着互联网企业的发展，互联网服务中出现许多免费内容，网络新闻、电子邮件、即时通信、在线音乐、网络视频等数字服务的边际成本几乎为零，免费服务触手可及，这部分价值难以纳入 GDP 核算中。然而，这些免费内容的背后却隐含着互联网企业独特的盈利模式。以腾讯公司为例。腾讯的微信、QQ 业务属于它的底层业务，其目的是通过扩大用户量来引流。随着流量的扩大，腾讯的中上层业务（例如腾讯金融、广告、游戏等）将会拥有更大的用户群体，这些用户群体给腾讯公司带来巨大的利润，这些利润可以填补底层业务的运营成本（诸如微信、QQ 等）。此类经营模式的创新设计打破了原有传统企业用产品收入弥补直接生产成本的盈利机制，使得免费内容的生产性隐藏在企业盈利模式创新的架构中，现有 GDP 核算未能将其反映出来。另一个例子，在流媒体崛起前，音乐爱好者哪怕有一屋子磁带、CD 和立体声唱片，其所拥有的歌曲数量可能不足现今通过 QQ 音乐所能免费获得的十分之一，数字经济时代使每个人有机会欣赏更多的音乐。但按照现有统计制度，音乐市场的增加值是下降的，如美国音乐市场规模从 1999 年的 209 亿美元下降到 2016 年的 75.7 亿美元。实际上，音乐价值没有改变，改变的只是价格，但现行统计制度无法处理这些免费问题。

3. 数字经济的技术创新挑战现有统计核算方法

在摩尔定律驱动下，数字技术更迭频繁、业务模式创新活跃。随着时间的推移，手机、电脑等消费电子产品的功能和质量大幅提升，价格却大幅下降。传统价格指数编制方法面临着两个方面挑战。一是传统固定“一篮子”货物和服务的代表性不够。代表品的轮换速度滞后于产品的实际更新速度，使得被淘汰的产品不能及时地从代表样本中剔除，而新出现的产品又不能及时地包含在代表样本中，导致计算出的价格指数不能准确地度量产品的实际价格变化。二是传统价格指数未能反映货物和服务质量的提升。为准确反映价格变动，在价格指数编制过程中应区分价格变化和质量变化。产品质量调整不足会导致消费者价格指数（CPI）、生产者价格指数（PPI）以及进出口价格指数（MXP）发生不同程度的高估，使得不变价 GDP 和实际经济增长率核算结果系统性低估。一直以来使用的基于价格指数缩减法的不变价 GDP 核算难以体现出产品功能的增强和质量提升的贡献。此外，个性化定制、在线自助服务、包月套餐等新商业模式的大面积应用，让产品或服务价格的核算变得更加复杂。实际上，数字经济的影响要远远超出经济范畴，如互联网的普惠性加上各种各样的免费产品和服务，空前提升了各类人群的社会福利；互联网 + 政务则极大地促进了营商环境的优化。

二、国内外开展数字经济测度的实践与探索

随着数字经济的地位和作用日益受到各国重视，近年来国际社会纷纷将数字经济测度列为关键议题，政府、产业界和学术界等各方力量从不同角度对数字经济的范围和增加值进行了探索，普遍认为数字经济在统计范围、核算方法、指标体系和结果等方面存在较大差异。

（一）国外对数字经济内涵和测度的探索

20 世纪 90 年代，以互联网和信息高速公路为代表的新经济为美国带来

了近10年的经济繁荣，美国学术界和政府部门对数字经济（信息经济）测度给予了很大的关注。多位经济学家发表了一系列有关“信息和通信技术（Information and Communication Technology，ICT）与经济增长关系”的论文（Dale Jorgenson，1999；Kevin J. Stiroh，1998），将ICT对经济增长的影响分为由于ICT产品价格持续下降而带来的对其他产品的“替代效应”，以及ICT产品应用于其他部门后通过增加其他要素间协调性而带来的全要素生产率提升的“渗透效应”，为数字经济（信息经济）的测度奠定了较为坚实的理论基础（蔡跃洲，2018）。到了21世纪初，ICT对经济社会的渗透主要集中在电子商务领域，数字经济最早被认为与电子商务等同，包括支持设施、电子商务过程和电子商务交易三个组成部分（Mesenbourg和Atrostic，2000）。2010年以来，随着数字经济的蓬勃发展，众多国际组织和研究机构开展了一系列数字经济统计测度方面的研究。

1. 经济合作与发展组织（OECD）

目前，OECD发布的官方研究报告及其专家小组发表的最新研究动态既涵盖了综合性的OECD成员国的共同研究成果，又包括了以理论共识为基础的单个成员国的探索（向书坚和吴文君，2018），在数字经济研究领域最具权威性、影响力和时效性。

2014年，OECD在其出版的报告《测算数字经济：一个新视角》（*Measuring the Digital Economy：A New Perspective*）中从直接法的角度对数字经济进行了前期研究，提出建立新的测量标准应重点关注的六大领域：一是提高对ICT投资及其与宏观经济表现之间关系的度量能力；二是定义和度量数字经济的技能需求；三是制定度量安全、隐私和消费者保护的相关指标；四是提高对ICT社会目标及数字经济对社会影响力的度量能力；五是通过建立综合性和高质量的数据基础设施来提高度量能力；六是构建一个可将互联网作为数据源使用的统计质量框架。报告选取了投资智能化基础设施、赋权社会、发挥创新能力、促进经济增长与增加就业岗位等 4 个方面的 38 个指标，构建了可用于国际比较的数字经济指标体系，并通过对相关指标的全面对比分析，展现了世界主要国家数字经济的发展水平。

基于包容性发展视角，OECD 在《数字经济展望 2017》中将数字经济界定为经济社会发展的数字化转型，认为数字技术的发展不应仅仅服务于经济增长，更应该以公平性、普惠性、平衡性、稳定性等为目标，强调了数字化和互连性两大技术支柱对传统生产成本和组织模式的影响，提出要让更多的人享受发展成果，让数字转型推动人类文明的进步。基于该研究视角，OECD 将数字经济特征划分为三个维度：第一个维度是规模、范围和速度，反映了数字经济的低成本化、标准化和动态化特征；第二个维度是所有权、资产和经济价值，反映了数字经济的数据驱动特征；第三个维度是关系、市场和生态系统，反映了数字经济的分散结构特征。OECD 指出，应当充分运用信息通信技术和互联网，挖掘数字经济对于创新发展和包容性增长的驱动力。

根据数字经济的本质特征，OECD 专家小组对数字经济的主体和客体进一步进行了界定，初步构建了一个既能与国民经济账户体系（SNA）相对接又能开展独立核算的数字经济卫星账户框架（Digital Economy Satellite Account，DESA）。该概念框架主要基于数字交易的三大特征［数字化订购（digitally ordered）、赋能平台（platform enabled）、数字化交付（digitally delivered）］来识别数字经济活动，提供了对数字经济核算非常有价值的信息，即围绕数字交易的类型来对数字经济进行核算，而不是仅仅围绕数字产品或数字产业。与此同时，数字交易的行为主体包括生产者、使用者和促成者，客体指参与数字交易的产品（Nadim 和 Jennifer，2018）。与传统 SNA 核算不同，OECD 专家小组在概念界定中对于数字经济的生产者主体除传统企业部门外还增设了住户部门，使生产者与使用者保持一致，以求应对数字经济中居民参与生产活动的核算难点；对于数字交易的辅助性主体，OECD 专家小组将其单列为促成者，以描述数字经济的支撑性产业，如 ICT 产业的基础设施及辅助性服务等；对于数字交易的客体，除传统商品与服务外还增加了信息 / 数据产品，以核算数字经济中“免费”服务背后的数据价值交换；对于核算中的经济交易，包含了至少具有数字交易三大特性之一的经济交易，而排除了不具备任何数字特征的经济交易。最近，OECD 正在积极推进数字经济统计研究项目“Going Digital”，探索通过改造现有的供给—使用表来分析数字经济对经济的影响程度。

2. 美国经济分析局（BEA）

BEA 基于初步测算的需要，采用数字经济的狭义界定，以互联网和相关 ICT 产业部门为起点，将数字经济界定为数字化基础设施、数字交易（电子商务）、数字内容（数字媒体）三部分。其中，数字化基础设施包括计算机硬件、软件、电信设备和服务、结构、物联网和支持服务；数字交易（电子商务）包括企业对企业、企业对消费者和点对点三种类型；数字内容（数字媒体）包括直接销售数字媒体、免费数字媒体和大数据。BEA 认为，尽管并非所有的 ICT 产品和服务都属于数字经济，但 ICT 产业部门在很大程度上与数字经济的主体重叠。

BEA 现有的数字经济测度方式主要是直接法，即通过对美国数字经济范围的界定、分析数字化对经济的影响路径来测算数字经济的规模、影响。2016

年，美国商务部数字经济咨询委员会（DEBA）提议衡量数字化对GDP和生产力水平等经济指标的影响，以及数字化对跨行业的扩展作用，并提出衡量数字经济的四部分框架：一是测度诸如公司、行业和家庭等不同经济领域的数字化程度；二是度量数字化的效果或产出，诸如搜索成本、消费者盈余和供应链效率；三是测度数字化对于诸如实际GDP和生产率等经济指标的综合影响；四是监测新出现的数字化领域。2018年，BEA在《定义与测度数字经济》的报告中研究了数字经济的概念和定义；在供给—使用的框架下，确认哪些货物和服务是和衡量数字经济相关的；并运用供给—使用表确定生产这些货物及服务的产业，估算这些产业的产出、增加值、就业以及其他相关变量，进而测度了美国数字经济的规模（徐清源等，2018）。

3. 欧盟统计局（Eurostat）

欧盟统计局自2014年起发布《欧盟数字经济与社会》（*Digital Economy & Society in the EU*）系列报告，包括数字社会和企业概况、电子商务、网络安全和云服务、什么是单一数字市场等方面，可用于理解欧盟在数字时代所面临的挑战。自2015年起，欧盟开始编制数字经济与社会指数（Digital Economy and Society Index，DESI）。DESI基于涵盖宽带接入、人力资本、互联网应用、数字经济应用和数字化公共服务程度等五个方面提出了31项指标，参照OECD《建立复合指数：方法论与用户说明手册》合成了指数，具有较高的理论水平、科学性和可延续性，可以用来刻画欧盟各国数字经济发展程度。同时，该指数兼顾数字经济对社会的影响，是探析欧盟成员国数字经济和社会发展程度、相互比较、总结发展经验的重要窗口。

4. 新西兰统计局（Stats NZ）

近年来，新西兰统计局对数字经济统计测度和 DESA 构建等方面进行了较为前沿的探索。2017 年，新西兰统计局借鉴 OECD 专家小组的研究经验，将具有“数字订购”“平台实现”与“数字传递”这三类交易性质的产品与国民账户商品分类（NA06CC）和澳大利亚与新西兰产业部门分类 2006（ANZSIC06）进行匹配对接，筛选出 49 项具有数字订购性质的产品，根据供给—使用表对 2007 ~ 2015 年新西兰的数字经济运行情况进行了测度（Stats NZ，2017）。研究发现，“数字订购”与“数字传递”类型的数字交易情况均可以运用现有的国民账户统计数据进行估计，而“平台实现”类型交易数据获取难度较大且在各传统部门产出中所占比重较小，故而没有对该类型产品的总产出进行估算。同时，新西兰统计局利用 ICT 供给调查数据对数字经济的赋权设施情况做出了进一步考察（杨仲山和张美慧，2019）。

5. 世界经济论坛（WEF）

世界经济论坛（WEF）自 2002 年起发布“网络就绪指数”（NRI），该指数可用于评估一个国家从新兴信息技术中获益并利用数字转型机会的就绪程度，重点分析全球信息化领先国家和地区的排名、主要经验和做法，在信息化领域的国际测评中具有相当的权威性。指数在环境、就绪程度、使用情况和影响力等四个方面设置了 53 个单项指标。在动力机制方面，NRI 认为信息化就绪度、应用情况以及大环境共同构成发展的驱动力，并产生经济和社会影响。由于信息化能力是发展数字经济的前置条件，重点关注信息技术领域的 NRI 对数字经济的测度具有重要的参考价值。2016 年发布的《2016 年全球信息技术报告》（*The Global Information Technology Report 2016*）对 NRI 进行了更新。

6. 联合国国际电信联盟（ITU）

ITU 于 1995 年首次发布信息化发展指数（IDI），并在其 2017 年发布的《2017 年衡量信息社会报告》（*Measuring the Information Society Report 2017*）中进行修改补充，有长期的研究积淀和专业性。2017 年的测评对象包括世界 176 个经济体，为各国政府和各部门广泛采用。IDI 针对 ICT 接入、使用和技能设立了 11 项指标，涉及信息化基础设施、信息化使用、知识水平、发展环境与效果和信息消费各个方面，可对不同国家和不同时段进行比较。比如，拥有计算机的家庭数量、互联网的使用人数以及掌握的水平等，可作为衡量全球、区域、国家或地区信息化发展程度的综合评价手段。

（二）国内对数字经济测度的研究

国内对数字经济的核算数据大多采纳广义口径，包含数字产业化和产业数字化两部分，后者即国民经济各行各业由于数字技术应用而带来的产出增加和效率提升部分。

1. 中国信息通信研究院

近年来，中国信息通信研究院开展了中国数字经济发展情况的相关研究，根据其内涵将数字经济分为两部分：信息通信产业部分和数字经济融合部分。其中信息通信产业部分包括电子信息制造业、电信业、软件和信息技术服务业、互联网行业等，即数字产业化，也称“直接贡献”，主要采用统计核算方法，按照国民经济核算汇总各个行业的增加值进行直接加总，使用经济计量模型推算得到；数字经济融合部分代表传统产业由于应用数字技术所带来的生产数量和生产效率提升，用信息通信产品投资对产出的边际贡献来衡量，即产业数字化，也称“间接贡献”。中国信息通信研究院在其发布的《中国数字经济发展（与就业）白皮书》中采用了直接法，对中国数字经济的总量进行估算，并用对比法提出数字经济指数（Digital Economy Index，DEI）。DEI 是通过选取一系列与数字经济发展周期波动存在明确关系的经济发展指标，利用统计方法计算得出的景气合成指数，包括先行指数、一致指数和滞后指数，可以通过与基期对比，反映不同时期的经济景气状态，从而观测数字经济的发展态势。

2. 中国信息化百人会

自 2013 年起，中国信息化百人会致力于研究中国信息化发展的重大前沿和战略问题，为探索信息时代的中国发展新路径贡献智慧。中国信息化百人会将直接贡献作为基础型数字经济定义为 ICT 产业增加值占 GDP 的比例，间接贡献作为融合型数字经济定义为 ICT 产业应用于传统产业所产生的增加值占 GDP 的比例，将测算二者得到的数字经济增加值加总即为数字经济增加值。在其发布的《2017 中国数字经济发展报告》中，将数字经济划分为五个层次，包括依托信息产业的基础型数字经济、将信息资本投入传统产业的融合型数字经济、通过形成新的生产组织方式来提高全要素生产率的效率型数字经济、反映新业态的新产品新生型数字经济和具有正外部效应的福利型数字经济。

3. 腾讯——“互联网 +”数字经济指数

2015 年起，腾讯联合京东、滴滴等机构统计了涵盖腾讯的微信、支付、城市服务、众创空间等十余个核心平台的全样本数据以及京东、滴滴、携程等企业的行业数据，在此基础上构建了中国“互联网 +”数字指数。该指数采用对比法，分为基础、产业、创新创业、智慧民生等 4 个分指数，涵盖了 14 个一级指标和 135 个二级指标，内容涉及社交、新闻、视频、云计算、17 个主要子行业、基于移动互联的创新创业、智慧民生等，直观反映“互联网 +”数字经济在全国 31 个省（自治区、直辖市）和 351 个城市的落地情况。

4. 赛迪顾问——中国数字经济指数（DEDI）

2017 年 11 月，赛迪顾问发布《2017 中国数字经济指数（DEDI）》白皮书，报告在对数字经济的发展演变和特点进行分析的基础上，将数字经济划分为基础型、资源型、技术型、融合型和服务型，运用互联网企业的用户数据，对全国 31 个省（自治区、直辖市）进行测算，从而反映数字经济在服务领域的渗透情况。

5. 上海社科院——全球数字经济竞争力指数

2017 年，上海社科院在其发布的《全球数字经济竞争力指数（2017）》中将数字经济分为主体产业部分和融合应用部分，构建了由数字设施、数字产业、数字创新、数字治理等 4 个维度构成的全球数字经济竞争力分析模型。该指数主要采用对比法，通过大规模采集和分析全球 120 多个国家的数字经济发展数据，形成综合性及多维度的评价，提出数字经济设施、数字产业和数字创新是一国数字经济竞争力的三大支柱，数字治理则是这一体系健康运行的保障。

6. 中国人民大学、腾讯——国家数字竞争力指数

国家数字竞争力是一个涉及多主体、多维度、多要素、多活动的复杂系统能力，体现一个国家（或地区）在数字化领域创造和保持竞争优势以及借此优

势带动其他领域发展的能力。中国人民大学和腾讯组成的课题组提出了对称性设计的指数系统编制方法，构建的国家数字竞争力评价指标体系包括了数字基础设施、数字资源共享、数字资源使用等 10 个方面的 68 项指标，通过系统度量完整地描绘一个国家（或地区）数字竞争力的全貌。不仅可以横向比较世界各国（或地区）数字竞争力水平及考察各国（或地区）的相对位次，而且可以纵向考察各国（或地区）数字竞争力发展演变的历史进程，为推动数字化国家建设提供系统科学的参考依据。

（三）各主要研究机构对数字经济的测度结果

目前，国际上尚未对数字经济发展水平和统计测度给出统一标准。根据对数字经济界定不同，其内涵从小到大依次包括核心定义、狭义定义和广义定义。其中核心定义认为数字经济是数字经济活动的核心部门，即 ICT 产业；狭义定义认为数字经济是利用数字工具进行经济活动，即以生产数字产品和服务为主导工作的数字部门；广义定义认为数字经济是数字化驱动产业升级产生的经济效应，即数字产业化和产业数字化。由于现有多个研究机构和部门对数字经济内涵的认识不同，在此基础上对数字经济规模进行测算的方法也不同，因此测度结果存在较大差异。

OECD 采用“信息经济”的概念核算了 2000 ~ 2012 年各成员国信息产业增加值。测算结果显示，2012 年 OECD 成员国信息产业增加值平均占 GDP 的 6% 左右，其中，爱尔兰和韩国占比最高，为 9% ~ 12%；日本、瑞士、英国、美国、匈牙利、卢森堡、瑞典次之，占比为 6% ~ 9%；其他国家均低于 6%。

BEA 在整体经济约 5000 种全部产品中，确定了 200 多种数字经济产品。

在实际测算中，数字化基础设施没有包括建筑和物联网基础设施，数字媒体仅包括付费产品。测算结果显示，2016 年，美国数字经济增加值为 1.4 万亿美元，占 GDP 的 6.9%。

麦肯锡使用互联网经济的概念，采用支出法测算了中国互联网经济的规模。其发布的《中国的数字化转型：互联网对生产力与增长的影响》报告显示，2013 年中国互联网经济占 GDP 的 4.4%。

波士顿咨询的统计范围包括所有与 ICT 设备制造、服务提供相关联的活动。其发布的《中国数字经济下的就业与人才研究报告》显示，2015 年中国数字经济规模为 1.4 万亿美元，占 GDP 的 13%。

埃森哲采用“多元回归分析法”，从数字化产品和服务本身的“直接贡献”和数字化产品和服务在生产过程中产生的新价值，即“间接贡献”两个维度测算了中国数字经济规模。测算结果显示，2015 年中国数字经济占 GDP 的 12%。

中国信息通信研究院的研究思路与埃森哲基本相同，从数字产业化（“直接贡献”）和产业数字化（“间接贡献”）两个方面对数字产业的发展和传统产业的数字融合进行测算。测算结果显示，2016～2018 年，中国数字经济规模分别占 GDP 的 30.3%、32.9% 和 34.8%。

华为和牛津经济研究院在衡量数字经济时不仅衡量累计数字资产带来的价值，还拓宽了数字资产的定义，不再局限于传统的对 ICT 资本存量的定义，同时兼顾了数字资产的间接溢出效应。测度结果显示，2016 年全球数字经济达到 11.5 万亿美元，占全球 GDP 的 15.5%。

腾讯构建的中国“互联网 +”数字经济指数指出，2016 年、2017 年中国数字经济总的体量占 CDP 的 30.61% 和 32.28%。

表 6.1 对国内外数字经济的测度结果进行了比较。由此可见，从美国数字经济规模占 GDP 的比重来看，中国信息通信研究院、华为和牛津经济研究院、BEA 对其 2016 年的测算结果分别为 58.3%、35% 和 6.5%，埃森哲和麦肯锡对其 2015 年的测算结果分别为 33% 和 10.9%，差距悬殊。从中国数字经济规模占 GDP 的比重来看，中国信息通信研究院和腾讯研究院的测算结果比较接近，2018 年分别为 31.3 万亿元和 29.9 万亿元，占 GDP 的比重分别为 34.8% 和 33.2%；波士顿咨询、埃森哲和麦肯锡三家咨询公司提出 2015 年中国数字经济占 GDP 的比例分别为 13%、10.5% 和 10%，与中国信息通信研究院和腾讯研究院的结果也相距甚远，可比意义非常有限。

表 6.1　　国内外数字经济测度结果比较

研究机构	全球数字经济占 GDP 比重	美国数字经济占 GDP 比重	中国数字经济占 GDP 比重
BEA		6.9%（2017 年）	
波士顿咨询			13%（2015 年）
埃森哲		33%（2015 年）	10.5%（2015 年） 13.3%（2020 年预测）
麦肯锡		10.9%（2015 年）	4.4%（2013 年，互联网经济占 GDP 比重） 10%（2015 年）
华为和牛津经济研究院	15.5%（2016 年）	35%（2016 年）	13%（2016 年）
中国信息化百人会			27.52%（2015 年） 30.3%（2016 年）
腾讯研究院			30.61%（2016 年） 32.28%（2017 年） 33.2%（2018 年）
中国信息通信研究院		58.3%（2016 年）	32.9%（2017 年） 34.8%（2018 年）

三、我国对数字经济构成中的不同部分开始探索统计制度

中国政府统计部门顺应数字经济发展新形势，在“三新”统计、数字经济统计监测、“互联网 + 统计”数据采集模式等方面进行了一系列有益探索和积极尝试，努力形成基于电子政务、电子商务记录和大数据广泛应用的“互联网 +”统计生产方式，取得了一定成效。

（一）加快制定完善数字经济相关统计制度方法

尽管中国统计部门尚未发布专门针对数字经济的统计制度，但对数字经济的构成部分从不同角度纳入统计。2015 年开始，国家统计局陆续建立起电子商务平台统计调查制度，通过全国联网直报系统，统计了中国境内 4400 多家主要的电子商务交易平台的经营情况，及时掌握了全国和各地区的电子商务交易额、B2B、B2C、商品和服务等指标的季度数据。同时，还对互联网出行、医疗、教育平台的发展状况进行监测，制定了网上零售统计调查制度等。其中,《互联网经济统计报表制度》基础数据主要来源于企业平台交易记录和部门行政记录，特别是基于平台的电子商务交易调查，目前在国际上属于前沿水平。

2016 年 4 月，国家统计局印发了《新产业、新业态、新商业模式专项统计报表制度》。“三新”经济是新产业、新业态、新商业模式的简称，是经济

中新产业、新业态、新商业模式生产活动的集合。其中，新产业指应用新科技成果、新兴技术而形成一定规模的新型经济活动，包括新技术应用产业化直接催生的新产业，传统产业采用现代信息技术形成的新产业，由于科技成果、信息技术推广应用，推动产业的分化、升级、融合而衍生出的新产业。新业态指顺应多元化、多样化、个性化的产品或服务需求，依托技术创新和应用，从现有产业和领域中衍生叠加出的新环节、新链条、新活动形态，具体表现为以互联网为依托开展的经营活动，商业流程、服务模式或产品形态的创新，提供更加灵活快捷的个性化服务。新商业模式指为实现用户价值和企业持续盈利目标，对企业经营的各种内外要素进行整合和重组，形成高效并具有独特竞争力的商业运行模式，具体表现为互联网与产业创新融合，硬件融入服务，提供消费、娱乐、休闲、服务的一站式服务。该制度的调查对象涉及了与数字经济息息相关的电子商务、互联网金融等重点领域，从提质增效转型升级、工业战略性新兴产业、新产品、新服务、高技术产业及新技术、科技企业孵化器、“四众”、电子商务、互联网金融、城市商业综合体和开发园区等 11 个重点领域全面反映了“三新”企业规模、效益和结构状况。该制度下发后，各级统计机构结合本地实际创新调查方法，采集了我国有关“三新”统计基础数据。

2017 年 7 月，国家统计局印发《中国国民经济核算体系 2016》（简称“核算体系 2016”），完善了核算内容、拓展了核算范围、细化了基本分类，并将“新兴经济核算”作为拓展核算的一部分正式纳入中国国民经济核算体系。

2018 年 8 月，为科学界定新产业、新业态、新商业模式范围，满足统计上监测“三新”经济活动规模、结构和质量等需要，国家统计局在 2017 年《新产业新业态新商业模式统计分类（试行）》的基础上，正式印发了《新产业新业态新商业模式统计分类（2018）》。该分类以现行的《国民经济行业分类》

（GB/T 4754–2017）为基础，以重点反映先进制造业、“互联网 +”、创新创业、跨界综合管理等“三新”活动为基本出发点，对其中符合“三新”特征的有关活动进行再分类，其划分对监测中国“三新”经济活动规模、结构和质量具有重要意义。其中，分类采用线分类法和分层次编码方法，将新产业、新业态、新商业模式有关活动划分为三层：第一层为大类，共 9 项；第二层为种类，共 50 项；第三层为小类，共 278 项。分类包括了现代农林牧渔业、先进制造业、新型能源活动、节能环保活动、互联网与现代信息技术服务、新技术与双创服务活动、现代生产性服务活动、新型生活性服务活动、现代综合管理活动等方面的内容。“三新”分类较为科学地界定了新产业、新业态、新商业模式统计的范围、对象和内容，为开展统计调查，进行数据采集、加工汇总、分类整理、研究分析奠定了分类标准基础。在“三新”分类标准的基础上，国家统计局正在开展数字经济统计标准的研究，有望近期出台数字经济统计标准，为数字经济的测度提供制度保障。

（二）积极推进“三新”经济增加值核算工作

近年来，国家统计局针对迅速发展的新兴经济活动，按照 GDP 核算原则，界定“三新”经济的核算范围，制定《新产业新业态新商业模式增加值核算方法》，从生产方采用增加值率法、相关指标推算法等多种方法核算了我国“三新”经济的增加值。

经初步测算，2015 年全国“三新”经济增加值约为 101739 亿元，相当于 GDP 的 14.8%。“三新”经济已经成为国民经济的重要组成部分，是当前经济发展的一大亮点。其中，第二产业、高技术产业、新服务业和产业园区“三新”经济活跃，表明创新驱动发展战略和大众创业、万众创新系列政策措施取得了显著成效。2016 年全国“三新”经济增加值约为 113719 亿元，相当于 GDP 的 15.3%。按现价计算，“三新”经济增加值增速为 11.8%，高于 GDP 现价增速 3.9 个百分点，较上年提高了 0.5 个百分点。2017 年全国“三新”经济增加值为 129578 亿元，相当于 GDP 的比重为 15.7%，比上年提高 0.4 个百分点。按现价计算的增速为 14.1%，比同期 GDP 现价增速高 2.9 个百分点。2018 年全国“三新”经济增加值为 145369 亿元，相当于 GDP 的比重为 16.1%，比上年提高 0.4 个百分点；按现价计算的增速为 12.2%，比同期 GDP 现价增速高 2.5 个百分点（国家统计局，2019）。

虽然和数字经济的范围不完全一致，但“三新”经济增加值的核算方法为数字经济的核算提供了技术支撑，为下一步测度数字经济奠定了坚实基础。

（三）积极推进数字经济相关统计测度

对数字经济的统计测度需要建立一个统计框架，而不仅仅是测算增加值。为全方位、多维度反映新兴经济发展情况，分析评价全国和各地在加快发展新兴经济、激发经济新动能方面的潜力、进展和成效，引导完善新兴经济统计调查制度，健全新兴经济统计数据体系，国家统计局按照可测算、可操作的要求，于 2014 年从新兴经济发展的基础、潜力、动力、进展和成效等方面研究提出了反映新经济统计指标体系，包括知识能力、经济活力、创新驱动、网络经济、转型升级和发展成效等 6 个方面 42 个指标。随着新经济内涵的不断变化，2016 年提出了经济发展新动能指数统计指标体系，包括知识能力、经济活力、创新驱动、数字经济和转型升级等 5 个方面 29 个指标。

依据经济发展新动能指数统计指标体系，国家统计局采用定基指数方法，测算了2015～2018年我国经济发展新动能指数。结果表明，2015～2018年我国经济发展新动能指数分别为123.5、156.7、210.1和270.3（以2014年为100），分别比上年增长23.5%、26.9%、34.1%和28.7%，持续保持较快增长势头。从五个分类指数来看，均实现了不同程度的提高。其中，2018年网络经济指数为605.4，比上年增长67.2%，对总指数增长的贡献率为80.8%；创新驱动指数为174.4，比上年增长21.8%，贡献率为10.3%；转型升级指数为143.9，比上年增长8.8%，贡献率为3.9%；经济活力指数为292.0，比上年增长2.7%，贡献率为2.6%；知识能力指数为135.9，比上年增长5.8%，贡献率为2.4%。可见，以新产业、新业态、新商业模式为主要内容的新经济的知识能力加速集聚，经济活力有效释放，创新创业竞相迸发，网络经济蓬勃发展，转型升级成效显著。新动能持续发展壮大，逐渐成为引领我国经济从高速增长迈向高质量发展的重要力量（国家统计局，2019）。

（四）努力尝试互联网＋统计的数据采集模式

国家统计局近年来高度重视大数据应用工作，积极贯彻落实中国政府关于实施大数据战略、促进大数据发展的决策，努力尝试互联网＋统计的数据采集模式，制定了《国家统计局大数据应用工作方案》，着力推动大数据在官方统计工作中的运用。在完善数据采集平台方面，以联网直报平台、住户调查平台、普查为基础，采集企业、住户、个人的有关信息，构建统计调查大数据体系。尤其是利用住户调查平台中体验记账功能、吸收体验记账户、积累统计调查之外的大数据，作为住户类调查的补充。加大行政记录利用力度，实现部门行政记录数据自动获取、审核处理和分析；提升直接利用或通过第三方获取利用大数据的能力，提高统计工作中大数据的利用水平。

在建设大数据存储管理平台方面，将普查、常规调查、专项调查取得的各类基层数据、综合数据、单位名录等数据资源，以及交换取得的部门数据、互联网数据、第三方获取的大数据进行集约管理、整理归档，并根据相关规定进行开放和共享。

在价格指数统计方面，将网络交易价格应用到 CPI 中；根据 70 个大中城市二手住宅网签数据，适时开展利用网签数据编制新建商品住宅和二手住宅销售价格指数的试点。

在网上零售统计方面，制定了网上零售统计调查制度，通过重点调查和抽样推算等方式，取得了企业、单位和个体户的互联网零售的相关数据；加大银联数据利用强度，进一步细化其分类数据，在加强与现有统计指标——社会消费品零售总额相关数据比对分析工作的同时，加强其服务消费数据的利用，促进供给侧服务消费统计工作；研究利用部分信息化程度较高企业的电子化数据，拓宽对主要统计指标趋势研判的手段和渠道。

在应用遥感技术推动农村统计方面，开展农作物播种面积遥感测量研究；实现了卫星遥感影像数据在农作物种植地块识别、农作物面积测量、农作物种植空间分布测量；大力推进无人机等遥感影像数据采集设备的使用，对农作物调查样方地块拍摄了大量无人机影像，并据此开展了无人机影像数据解译和分析工作，取代了大量的人工实地调查，提高了调查工作的效率。

在推进部门行政记录和移动通信大数据在人口统计工作中应用方面，以强化部门行政记录在人口普查中的应用为核心，利用信息化手段，探索依托国家人口基础信息库、卫健部门的住院分娩登记、死亡医学证明信息等行政记录，在人口抽样调查和人口普查入户登记中进行校核比对，同时运用移动通信等大数据对流动人口进行核查，提高普查数据质量；利用移动大数据，通过对用户数量分布、移动轨迹等进行监测分析，研究推算全国人口跨省和跨城乡迁移流动情况，为年度分省人口、流动人口和城镇化率评估提供依据；研究制定依托国家人口基础库等行政记录在人口普查入户登记中进行实地比对的工作流程；进一步研究借助手机大数据判断人口常住地分布、防止人口漏报重报的可行机制，适时扩大手机数据的覆盖面和应用范围；开展利用移动终端设备数据进行人口分布和流动人口监测的方法研究和试验。

在完善网民统计方面，充分利用微信、支付宝及三大电信运营商数据，研究改进完善网民统计方法，推进网民统计工作。

总体来说，统计系统紧密结合统计改革实践，积极推动了大数据技术在统计调查中的应用，提高了数据的准确性和有效性，为工业经济时代向数字经济时代过渡提供了有意义的制度创新和保障。

四、合作推进统计制度创新的政策建议

数字经济仍在快速发展过程中，国际社会对数字经济测度的探索已取得初步成果，建议在相互借鉴的基础上，立足于科学合理、国际可比、逐步拓展，加快构建由工业经济向数字经济过渡的统计制度体系。

一是率先对数字经济统计测度方法达成共识。目前国际社会对数字经济的测度探索众多，但既缺乏成熟的操作框架，对统计和测度的方法论也各有

不同，导致测度结果缺乏可比性。建议基于近年来各研究机构不同方面的探索和研究结果，率先就数字经济的基本概念、范围、分类标准体系、统计和测度的理论基础等关键点达成共识，统一数字经济基础部分的概念和范围形成国际可比口径；对数字经济的融合部分提出一些原则性的指南，不作统一规定，允许数字经济的定义随着时间的推移改变其所包含的特性。通过对数字经济内涵和测度方法的基本统一，客观描述各国数字经济运行的新特征、新变化和新规律，为研判数字经济形势、厘清数字经济发展方向提供可靠的数据参考和信息支撑。

二是进一步完善数字经济核算制度。从 OECD 已有的研究探索情况看，建议进一步研究确定数字经济卫星账户框架、扩展供给—使用表，逐步实现数字经济核算的模块化，提高数据颗粒度，衡量数字技术在不同领域、不同层面的应用情况，既适应数字经济活动灵活性的特征，又做到与现有国民核算体系的对接。同时，继续就共享经济、免费产品和服务、投资品和消费品、个人产销合一、价格缩减和质量提升等核算难题开展进一步研究。在核算理论方面，建议进一步深化中国数字经济卫星账户核算体系及相应的核算方法体系，在未来进一步深化数字经济研究，不断完善中国数字经济卫星账户的体系设计和核算方法，运用数字经济卫星账户对数字经济统计的相关问题予以充分探索。在未来关于数字经济核算方法的研究中，我国应博采众长，广泛吸纳各国数字经济实践的经验，并紧密结合我国经济发展的需要，优先重点研究战略新兴产业中的数字产业，形成一套刻画更为科学、精准的数字经济结构数据监测体系和更为全面、深入的核算方法体系。要大力开展创新与探索，有针对性地补上统计领域“短板”，尤其要加快健全新产业、新业态、新商业模式等新动能统计，客观反映结构优化升级的进展。在规章制度方面，建议进一步完善中国数字经济产业、产品分类标准，规范数字经济统计制度，优化数字经济核算流程。数字经济核算需要设计一套系统流程制度，以使数字经济统计单位分类、统计数据收集和统计数据存储汇总与微观数据记录相接轨，与现行统计调查相配适，确保数字经济统计工作科学有效、有条不紊地开展。在未来的数字经济核算工作中，建议在联合国统计委员会的国民账户工作组联合秘书处的支持下，形成具有良好国际可比性的中国数字经济产业、产品统计分类标准，以进一步增加与世界各国数字经济发展的交流与合作。

三是建立数字经济统计监测和评价指标体系。数字革命对传统的经济统计和国民核算体系产生了重大影响，也深刻影响了统计的生产流程和生产方式。建议除了核算数字经济增加值之外，建立一个包括数字化接入、应用、创新、产出、影响等维度的综合指标体系，以反映数字化转型的全方位影响。要加强数字经济测度和评估的理论研究，将数字经济的测度建立在严谨科学的理论框架之下，在现有国内外研究基础之上，提出具有中国特色并符合中国实际情况的理论框架和测度思路。要进一步拓展国际合作范围，建立数字经济跨机构、跨区域委员会协调机制，加快开展数字经济相关统计调查，保障一手数据、核心数据的长期采集机制，避免数据质量受到数据来源不稳定等因素的影响，提高数据质量真实性。要在充分利用现有统计数据的基础上，在保证数据质量的前提下，兼顾反映市场活力的行业数据和网络抓取的互联网大数据，创新数据来源，提升统计指标体系的国际可比性。

四是加强政府统计与互联网平台企业等的合作与数据共享。积极利用网络爬虫等技术，拓展数字经济统计的数据来源。完善相关法律基础，实现政府、企业数据的互联、共享。加强与互联网企业的合作，充分利用基于互联网数据的统计产品，如挖掘机指数、网络价格指数、“互联网 +”指数、公路物流指数等，全方位、多角度反映经济社会发展情况。研究开发中国数字经济高频大数据的获取方法。要全面、准确地统计包含数字经济交易的高频数据，需要研究开发出稳定、安全、可靠、高质量的高频数据获取方法。在目前核算实践的数据来源中，微观调查具有时效性低、调查成本高等局限性，而商业数据往往由于商业机密的保护难以获得权限。因此，可以考虑基于区块链技术构建具有匿名、防篡改的分布式统计核算体系，通过去中心化的分布式账本匿名记录大数据交易予以统计，借助数字经济的信息化优势形成链式中国数字经济卫星账户，从而实现对数字经济高频、高效、准确的统计核算。

执笔：施凤丹

（国家统计局统计科学研究所）

参考文献

[1] Jorgenson, Dale W. and Kevin Stiroh.Information Technology and Growth[J]. American Economic Review, 1999, 89（2）, 109–115.

[2] Stiroh, J.Kevin.Computers, Productivity, and Input Substitution[J]. Economic Inquiry, 1998, 36（4）, 175–191.

[3] 蔡跃洲 . 数字经济的增加值及贡献度测算：历史沿革、理论基础与方法框架 . 求是学刊，2018（5）：65–71.

[4] Mesenbourg, T., B. K. Atrostic. Measuring the U.S. digital economy: Theory and practice[J/OL]. Working paper, U.S. Census Bureau, Washington, DC, 2000.

[5] 向书坚，吴文君 . OECD 数字经济核算研究最新动态及其启示 . 统计研究，2018（12）：3–15.

[6] 经济合作与发展组织，张晓．衡量数字经济：一个新的视角．上海：上海远东出版社，2015.

[7] OECD. OECD Digital Economy Outlook 2017. https：//www.oecd.org/internet/oecd-digital-economy-outlook-2017-9789264276284-en.htm，2017-10-11.

[8] OECD. Measuring Digital Trade：Towards a Conceptual Framework. http：//www.oecd.org/officialdocuments/publicdisplaydocumentpdf/?cote=STD/CSSP/WPTGS（2017）3&docLanguage=En，2017-03.

[9] Nadim Ahmad，Jennifer Ribarsky. Towards a Framework for Measuring the Digital Economy. Working Paper，https：//www.oecd.org/iaos2018/programme/IAOS-OECD2018_Ahmad-Ribarsky.pdf，2018-09-21.

[10] 徐清源，单志广，马潮江．国内外数字经济测度指标体系研究综述．调研世界，2018（11）：52-58.

[11] Europe communities.The EU-15's New Economy--A statistical portrait. 2015.

[12] Commission E. DESI 2015. Digital Economy and Society Index—— Methodological note[J]. European Commission，2015.

[13] Stats NZ .Valuing New Zealand's Digital Economy. www.stats.govt.nz，2017-10-12.

[14] 杨仲山，张美慧．数字经济卫星账户：国际经验及中国编制方案的设计．统计研究，2019（5）：16-30.

[15] 中国信息通信研究院．中国数字经济发展白皮书 2017[R]. http：//www.cac.gov.cn/files/pdf/baipishu/shuzijingjifazhan.pdf，2017-07.

[16] 中国信息化百人会．2017 中国数字经济发展报告——数字经济：迈向从量变到质变的历史性拐点．http：//www.3mbang.com/i-957.html，2018-04-03.

[17] 中国信息通信研究院．鲁春丛:《中国数字经济发展和就业白皮书（2018 年）》解读．http：//www.cww.net.cn/article?id=430288，2018-04-15.

[18] 上海社会科学院经济研究所．全球数字经济竞争力发展报告．北京：社会科学文献

出版社，2017.

[19] 国家统计局 . 2018 年我国“三新”经济增加值相当于 GDP 的比重为 16.1%. http：//www.stats.gov.cn/tjsj/zxfb/201907/t20190727_1682335.html，2019-07-28.

[20] 国家统计局 . 2018 年我国经济发展新动能指数比上年增长 28.7% . http：//www.stats.gov.cn/tjsj/zxfb/201907/t20190731_1683083.html，2019-07-31.

第七章 经贸规则

构建促进新技术发展的国际经贸新规则

新技术及其应用正改变着国际分工和国际贸易模式，而现有多边贸易体系以工业经济为基础，因而难以适应“以数字促进贸易”的数字经济条件下经济全球化发展的新阶段。在多双边贸易领域促进国际经贸形成新规则既是新技术形成国际贸易新模式的需要，也是构建以数字经济为基础的新一代国际经贸规则的需要。

一、新技术应用对国际经贸规则的影响

进入 21 世纪以来，以计算机、通信技术等为核心的数字技术成为数字革命的核心技术，以数字促进贸易是继运输革命推动传统贸易（最终品贸易）、工业革命推动全球价值链贸易（投资和中间品贸易）后新一轮经济全球化的主要表现形式。数字技术及其应用对以数字经济为基础的国际经贸规则产生深刻影响。

（一）技术变迁下的国际经贸规则演变

早在 19 世纪，随着蒸汽机的发明及其相关技术（螺旋桨、涡轮发动机等）

不断改进和完善，船舶运输速度变得更快，运量变得更大，并且更加省油，首次大幅度降低了运输成本。到了 19 世纪 30 年代末，蒸汽船就可以经常穿越大西洋。到了 19 世纪 50 年代，蒸汽船开始开往南非和亚洲。

和蒸汽船相比，铁路是工业革命中另一项重大交通技术突破。自 1825 年第一条货运铁路线（斯托顿—达林顿铁路线）在英国建成，整个英国、欧洲和美国都开始大规模修建铁路。到了 19 世纪末期，亚洲和拉丁美洲也开始快速建设铁路。世界铁路线已经从 1870 年的 19.1 万公里增加到 1913 年的近 100 万公里（Fogel，1964）。

此外，早在 19 世纪中叶，随着电报技术的成熟，全球通信时间已经大幅度地缩短，欧洲和北美之间的通信时间从 10 天缩短到几分钟。到了 19 世纪末，美国、英国、法国和德国已经用电报在欧洲和北美洲之间建立了全球第一个电报通信网络。

以蒸汽船和铁路为代表的运输革命和以电报为代表的信息通信革命，都极大地降低了海运和陆运成本，缩短了通信时间，促使生产和消费的分离，导致全球化的“第一次松绑”（鲍德温，2009），结束了生产地必须接近消费者的时代，促使贸易从区域内向区域间扩展的转变。国际贸易得到了快速增长，从 1870 年到 1913 年国际贸易增长了 486%（WTO，2018）。

这一时期，全球各个地区按照比较优势从事生产和贸易，尽管该时期电报缩短了通信时间，但是和今天的互联网技术相比，仍然有很多局限性，这一时期的贸易局限于最终品之间的交易，这一过程一直延续到 20 世纪中叶。这一阶段被称为运输技术推动的“传统贸易”阶段，该阶段国际经贸规则的核心是市场准入的放开，主要体现为关税的降低，这样推动了“关税及贸易总协定”（GATT）的达成。其主要是将贸易保护措施关税化，形成了包括最惠国待遇、关税减让、取消进口数量限制等一系列围绕贸易自由化、公平交易和市场准入的国际贸易规则。

20世纪中叶以后，随着卫星、光纤电缆和其他电信技术的发明并普及应用，信息通信成本快速下降，从伦敦到纽约的3分钟电话费用1930年约为250美元，现在花费仅为2美分，如果使用网络电话费用为零。根据国际电信联盟数据，目前全球移动电话数量已经超过100亿部。信息通信技术的快速发展结束了之前整个生产环节必须积聚在附近的时代，导致了全球化的“第二次松绑”（Baldwin，2006），使得生产环节分拆后能够根据其地理分布进行协调。总之，越来越多的生产过程能够通过全球供应链、世界工厂等途径实现管理，促使跨国公司将生产的各个环节分拆转移到世界上最具有成本效益的地方。

至此，全球价值链贸易已经成为全球贸易的主要形式。根据WTO《世界贸易报告2019》，目前全球贸易中有80%以上发生在跨国公司的国际生产网络中。尽管这些价值链因其生产方式、地点不同而有所不同，有些把重点放在大众市场消费品上，有些则侧重于资本货物，还有一些则专注于服务、农业和自然资源产品等，但是所有这些都依赖于外国直接投资、货物贸易和服务贸易之间复杂关系的组合。至此，全球分工体系从产业间向产业内、产品内分工演变，中间品成为国际贸易的主要标的，所对应的贸易政策体现为货物—服务—投资—知识之间的相互联结。具体表现为这一时期围绕世界贸易组织形成的一套完整的以工业经济为主的国际经贸规则体系。在这种情况下，GATT规则无论从贸易规则拓展领域看还是从贸易规则的深化领域看，都进行了不同程度的深化。在国际贸易的拓展领域，除了货物贸易规则外，还包括服务贸易领域及其与贸易有关的知识产权领域，在国际贸易的深化领域，货物贸易规则完成了从单纯的关税减让到非关税壁垒约束的转变。

进入 21 世纪，互联网成为新的商业形态，基于计算、通信和信息处理的数字技术降低了共享信息的成本，促进全球进入超联结时代，特别是出现了需要通过跨境数据传输来完成的贸易，改变了服务的可交易性，同时出现了货物和服务捆绑销售的贸易新模式等。当下世界正进入数字经济时代，正影响着国际经贸新规则（见表 7.1）。

表 7.1　　不同全球化浪潮中贸易特征、驱动因素及贸易政策

类型	特征	驱动因素	贸易政策
“传统”贸易	• 跨越国界的生产和消费分离 • 最终品贸易	• 降低运输成本	• 市场准入
GVC 贸易	• 跨国界分拆 • 中间品货物和服务贸易 • 改变角色的作为任务外包的服务	• 降低运输和协调成本	• 贸易—服务—投资—知识的联结 • 贸易便利化，国内、境内网络业务管理系统（NTMs）
以数字化方式促进的贸易	• 拆解生产、物流和消费，“传统”贸易和 GVC 贸易的深化：超联结时代 • 量少的货物贸易和数字服务 • 改变服务的可交易性 • 货物和服务的捆绑销售	• 降低运输、协调以及主要是共享信息的成本 • 数字化	• 数字流动 • 数字联结 • 互操作性

资料来源：Javier López González，Marie-Agnes Jouanjean（2017），Digital Trade Developing A Framework For Analysis，https：//www.oecd-ilibrary.org/docserver/ 524c8c83-en.pdf? expires=1544840572&id= id&accname= guest&checksum=25952B8 EBD359F37D55DDFB 27E 143C7E。

（二）新技术下数字时代国际经贸规则的基本特征

1. 数字技术的应用及其数字经济的基本特征

计算技术、通信技术和信息处理技术三股强大的技术力量结合在一起，共同推动数字技术的快速发展，即摩尔定律、吉尔德定律和信息数字化（WTO，

2018）。在硬件方面，数字技术所需要的硬件主要是由知识库机、推理机和智能接口等组成，其中知识库机是指具有大容量的知识存储机构和高速检索机构，推理机主要是指根据存储的知识进行判断、推理，智能接口主要用于处理文字、声音、图像等各种信息。在软件方面，这时期的软件不再仅仅是为了控制仪器或者执行某些工作程序而编写，也不仅仅被嵌入产品和生产系统，而是产品和服务借助互联网和其他网络服务，形成信息物理融合系统。在计算技术上，算法技术是数字技术的核心，其中算法是指为了解决特定问题而规定的一系列操作，包括各类机器学习算法、深度学习算法等，还包括数值计算算法和搜索算法。

数字技术的应用主要包括数据的获得、使用、处理、存储、传输和保护等环节。首先，数据来源多元化。数据是指对事件进行记录并可以鉴别的符号，其不仅包括数字，而且还包括具有一定意义的文字、字母、数字符号的组合，图形、图像、视频和音频等。摄像头、传感器等的广泛使用以及全球数字服务平台的出现，使数据呈现几何级数增长。其次，全球数字服务平台的出现使数据的商业使用更加广泛。从电子商务到工业互联网，基于数据的商业模式不断涌现，出现了 B2B、B2C 和 C2C 等数字经济时代的新业态。最后，云计算是数据处理和存储的核心，是数字经济的发动机，改变了工业经济下的产业组织模式。在工业经济时代，以装配线和管道为主要技术路线，其核心是通过规模经济形成国际分工产业体系。而在数字经济时代，随着云计算的出现，通过云技术以范围经济形成企业间和企业与个人之间的交互关系和商业网络，因而使产业间的界限模糊，盈利模式出现变化。

和工业经济时代相比，数字经济具有如下特征。

第一，算法和算力是数字经济的核心技术。数据只有被广泛运用于商业才有价值。无限供给的数据需要通过一定的技术收集、处理和储存，并有效得到保护，这样必须要使用算法和算力技术，才能支撑以数据连接的商业形态。

第二，数字经济时代的生产要素结构将会发生深刻变革。相比工业经济时代，资本和劳动是推动国民经济发展的关键生产要素；在数字经济时代，数据成为经济发展的主要投入要素，从而改变了工业经济下资本和劳动的要素结构，形成了资本、劳动和数据之间的互补、替代关系，数据成为影响国际分工的重要因素。

第三，数字技术推动基础设施形态发生改变，数字基础设施成为新的基础设施。和工业经济时代相比，数字经济时代的基础设施形态发生了根本性改变，既包括无线网络、云计算、宽带、云储存等信息基础设施，也包括对传统基础设施进行数字化改造，比如加装传感器、视频监控等。与此同时，隐私、个人数据保护、网络内容限制的规定将对数字产业的比较优势产生重要影响。

2. 数字技术对国际贸易影响的传导机制

传统上，国际贸易的发生是由各国在劳动力、资本的基本经济要素禀赋以及相对生产率、地理、基础设施或制度因素等方面的差异引起的，而在数字经济时代，加入数据要素以后，对国际贸易产生了不同的影响。

第一，形成数字技术条件下的新一代货物贸易和服务贸易。工业经济下的货物贸易，工业企业根据市场需求组织生产，并通过不同产品特点选择销售渠道，各国根据比较优势形成国际分工和国际贸易。在数字经济条件下，数字技术改变了部分货物的制造流程，形成了新的货物产品。例如 3D 打印，改变了工业经济中的最终品和中间品的制造过程，通过数字参数在打印机上直接打印不同类型的货物。3D 打印对传统产品是替代还是互补还有待进一步观察，但最近几年 3D 打印在医疗、航空等领域开始广泛运用。

数字技术对服务贸易的影响更大。一是贸易性质的变化。许多原来不可贸易的服务现在可以贸易了。二是贸易方式的变化。原来通过商业存在或者自然人流动需要的贸易现在可以通过跨境交付的方式进行。三是交付方式的转变。许多行业的跨境服务是免费的，但与其他行业的收费服务是紧密联系的，例如为客户提供的信息搜索服务一般都是免费的，但为客户提供的广告服务是收费的，收费与客户的数量和质量有着密切的关系。

第二，数字技术改变国际贸易的要素成本，通过人工智能等使劳动力在比较优势中的相对重要性减弱，导致全球劳动力禀赋均等化，由劳动力禀赋差异驱动的贸易流将会枯竭（WTO，2018）。但是需要说明的是，这并不意味着劳动力完全被机器替代，拥有技术创新能力劳动力的国家将仍然具有比较优势，机器只是把人类从繁重的体力劳动中解脱出来，从而拥有时间和精力去学习具有高科技含量的技术。此外，在数字经济时代，国际市场规模，支持云计算的能源基础设施，个人隐私、数据保护和网络内容限制等，都将构成新的比较优势的决定因素，对国际贸易模式、贸易结构和贸易流向产生影响。

第三，数字技术以及相对应的数字基础设施影响全球价值链的分布。电子商务以及相关数字基础设施的发展使有些发展中国家可以跳过工业经济时代，直接进入数字经济时代，网上订购和交易成为新的商业模式，而不需要通过设立实体商业机构或者金融机构网络的形式。

3. 数字经济呼唤国际经贸新规则

数字技术形成国际贸易模式的变化必然对国际经贸规则提出了新的要求，以适应数字促进贸易下经济全球化的新要求。

第一，形成以数据跨境合法自由流动为核心的数字贸易规则。在数字经济下，数据跨境流动是国际贸易的最基本条件，因而无论在多边层面，还是双边层面，都需要建立起适合数字经济条件下的数字贸易基本规则。

第二，适应数字经济的现有国际经贸规则的深化。无论是货物贸易领域，还是服务贸易和知识产权等领域，都存在着新一代产品出现以后对应的国际经贸规则的重构。例如 3D 打印需要对原产地规则和海关估价条款的深化。

第三，应用数字技术，实现规则的数字化措施。在货物监管制度、海关管理和贸易便利化等方面，都要采用数字技术实现风险控制、监管现代化和贸易便利化。例如《贸易便利化协定》的目标就是要增加数字技术运用条款实现风险控制下的贸易便利化，因此贸易便利化协定的发展趋势就是数字化条件下的贸易便利化协定。

二、适合新技术条件下的国际经贸新规则进展

应当指出的是，无论是 WTO 多边贸易谈判，还是诸边、区域和双边贸易谈判和协定签署，参与方都把适应数字经济下的国际经贸新规则作为主要方向推动。

（一）多边贸易协定中适合新技术条件下的国际经贸新规则

与适合新技术条件下的国际经贸新规则相关的已经达成的多边贸易协定，

主要是《信息技术协定》（ITA）。

1996年12月，14个参加方在新加坡召开的WTO首届部长级会议上，就取消信息技术产品的关税达成一致，联合发表了《关于信息技术产品贸易的部长宣言》，形成了《信息技术协定》。该协定参加方于1997年扩大到28个（代表43个WTO成员方），并对该协定予以实施，使之成为WTO框架下的诸边关税减让协定。截至2016年10月，《信息技术协定》参加方已达到82个，该协定使得计算机、通信设备、半导体、相关生产设备等产品的关税得以全面取消，对全世界信息产业产生了巨大影响。

自2012年5月开始，为扩大信息技术产品贸易，中国、美国、欧盟、日本、韩国、加拿大、以色列、马来西亚等20多个信息技术产品主要生产及贸易成员在WTO框架下开展扩大信息技术产品贸易谈判（简称ITA扩围协议谈判）。经过19轮诸边谈判和无数轮双边谈判，2015年12月16日，包括美国和中国在内的24个参加方（代表53个WTO成员）在肯尼亚内罗毕共同发表了《关于扩大信息技术产品贸易的部长宣言》，宣告ITA扩围协议谈判成功结束。ITA扩围协议是WTO成立以来的第一份关税减让协议，有利于增强人们对WTO多边谈判功能的信心。

《关于扩大信息技术产品贸易的部长宣言》明确各参加方要约束并逐步取消201项产品的关税，这些产品包括触摸屏、便携式电子教育设备、电子医疗仪器、多元件集成电路等。这201项产品以各参加方在世贸组织的承诺税率为基础，分年逐步降低并最终取消关税。从谈判结果看，各参加方在降税期上有所差异，体现了发展中成员在降税期上的合理诉求。对于这201项信息技术产品，日本承诺在实施时立即取消全部关税，美国承诺在3年后取消全部关税，欧盟承诺在3年后对97%的产品取消关税，中国除现行税率为零的产品外，承诺在 3 年后对 27% 的产品取消关税，5 年后对 24% 的产品取消关税，7 年后对 12% 的产品取消关税。以上降税安排体现了 WTO 发达成员与发展中成员在权利与义务上的大体平衡。[①]

与适合新技术条件下的国际经贸新规则相关的正在谈判的多边贸易协定，则情况较为复杂。

从 WTO 多边贸易层面看，1996 年 WTO 第一届部长级会议将电子商务纳入多边贸易体制《关于信息技术产品贸易的部长宣言》，核心是信息技术产品的关税减让。1998 年 WTO 第二届部长级会议通过了《全球电子商务宣言》，电子商务成为正式议题，同年，在《全球电子商务宣言》的指导下，WTO 设立“电子商务工作项目”（E-commerce Work Program）。该工作项目将“电子商务”明确界定为“通过电子手段进行生产、配送、营销、销售以及交付的货物或服务”[②]。2001 年至 2003 年 WTO 总理事会主持召开了五次关于电子商务的专题研讨会，重点包括特定电子传输的内容分类、进口税收征收、竞争、司法管辖、法律适用等。WTO 服务贸易委员会关于跨境电子商务的讨论包括电子商务范围、电子商务最惠国待遇和透明度、国内法规和承认、竞争和隐私权保护、提供方式的市场准入、国民待遇及关税和分类。WTO 货物贸易委员会的讨论包括与电子商务相关的商品市场准入、海关估价条款的适用性、进口许可证程序、关税和其他税、与电商相关的标准和原产地规则。WTO 知识产权委员会的讨论包括电子商务的著作权保护、商标保护、新技术运用等。贸易与

---

① 《信息技术协定（ITA）和扩大信息技术产品贸易谈判》，http：//gss.mof.gov.cn/zhuantilanmu/guanshuizhishi/201610/t20161025_2443094.html；《9月15日起201项信息技术产品关税降低》，http：//www.xinhuanet.com//fortune/2016-09/14/c_129281937.htm。

② World Trade Organization （WTO）. Work Programme on Electronic Commerce， WT/L/274， 25 September 1998.

发展委员会的讨论包括电子商务对发展中国家和中小企业的影响等。①

2003年，WTO坎昆部长级会议的全盘失败使WTO遭遇自成立以来的最大危机，再次重创多边贸易体制的规则谈判职能，WTO“电子商务工作项目”陷于停滞。2009年12月，WTO日内瓦部长级会议再次唤醒“电子商务工作项目”，各成员方达成共识：“WTO总理事会将定期对电子商务工作组的各项工作进行审议，工作组每六个月应向总理事会提交工作进展报告，并作为下届部长级会议的参考文件。”② 之后，WTO内与电子商务相关的提案逐渐频繁出现。尤其是2016年以后，WTO各成员方提交的电子商务提案明显增加，2016年、2017年、2018年WTO内与电子商务相关的提案数分别高达68项、94项、56项。上述文件包含大量适合新技术条件下的国际经贸新规则。

2017年12月13日，71个WTO成员方在布宜诺斯艾利斯部长级会议中发表《电子商务联合声明》，宣布将对“与贸易相关的电子商务”规则谈判开展探索性工作，明确以推动国际经贸规则的谈判为基本目标。③ 自2018年2月起，参加方纷纷提交相关提案，推动探索性工作的开展。2019年初，达沃斯电子商务非正式部长级会议，中国、美国、欧盟、日本等76个WTO成员方签署了《关于电子商务的联合声明》④，确定各成员方有意在世贸组织现有协定和框架的基础上，启动与贸易有关的电子商务议题的谈判。这76个成员方的贸易额占世界贸易总额的90%，符合WTO关于诸边协定必须覆盖贸易对象的

---

① 张莉：《中国引领跨境电商国际规则制定前景》，《今日中国》2016年第10期。

② World Trade Organization（WTO）. Work Program on Electronic Commerce，WT/L/782，11 December 2009.

③ World Trade Organization（WTO）. Joint Statement on Electronic Commerce，WT/MIN（17）/60，13 December 2017.

④ World Trade Organization（WTO）. Joint Statement on Electronic Commerce，WT/L/1056，25 January 2019.

“关键多数”的传统做法。此后，美国、日本等提交提案，再次重申2018年提案的相关主张。截至2019年4月15日，已有42个WTO成员方向WTO提交了18份通报文件，磋商未来电子商务谈判应包含的谈判议题。

总体来看，这76个成员方既有发达成员，也有发展中成员，还有最不发达成员，各方在电子商务领域的共识与分歧并存。从共识来看，各方具有广泛共识的内容包括：①扩大数字产品和数字服务的市场准入；②成员方普遍认同世贸组织对电子传输免征关税的惯例做法；③应澄清世贸组织内与电子商务相关的各类市场准入和规制措施；④推动电子商务便利化，特别是推动无纸化交易；⑤加强线上消费者保护，禁止对线上消费者造成损害或潜在损害的诈骗和商业欺诈行为；⑥加强消费者个人信息保护。从分歧来看，美国、欧盟、加拿大、俄罗斯及发展中成员在电子商务提案中的侧重领域和优先事项各不相同，各成员方对电子商务高标准规制融合类议题的谈判诉求依次降低。

美国在提案中提出的经贸规则代表了保护与促进数字贸易的高标准。[①]其基于美国参加的自由贸易协定中“电子商务”章节提出WTO电子商务谈判提案，并在“电子商务”的基础上深化“数字贸易”理念，议题设计更具未来导向。《美墨加协定》（USMCA）的相关条款就是美国主张的具体体现，例如，《美墨加协定》首次将“电子商务”专章改为“数字贸易”专章，是美式数字贸易规则的最高标准。《美墨加协定》数字贸易章节不仅对TPP“电子商务”章中原有的跨境数据自由流动、计算设施非本地化、保护源代码等高标准规则进行了深化，而且增加了交互式计算机服务、开放政府数据等新规则。在“金融服务”章中，《美墨加协定》规定了信息传输条款，要求缔

① Communication from the United States, Joint Statement on Electronic Commerce Initiative, JOB/GC/178（INF/ECOM/5）, 12 April 2018.

约方不得禁止或限制通过电子方式跨境传输金融信息；以及计算设施位置条款，要求缔约方不得限制金融公司计算设施的位置，这些规定将大大促进金融领域的数据自由流动。

欧盟兼顾市场的充分开放与监管机构的独立管控，特别关注电信市场服务领域，提出了涉及电信市场开放、竞争、监管、补偿机制在内的系统方案。一方面，欧盟要求各国实现互联网络的开放与竞争中立。另一方面，欧盟要求监管机构应具有充分的自主性，以便对电信部门进行管控，同时保留对电信部门的相关决议进行追索的权利。此外，欧盟要求各国监管机构确保与电信市场相关的各类授权与许可制度的"必要性"，并提供公平、透明、有效的争端解决机制。然而在美国较为关注的"跨境数据流动"领域，由于欧盟内部始终无法就此议题达成一致意见，欧盟提案并未涉及。

加拿大和俄罗斯侧重强调对世贸组织现有规则进行进一步澄清。具体来看，加拿大特别指出因受限于技术水平，而未在《服务贸易总协定》（GATS）"模式一"中做出承诺的关税条目应在电子商务谈判中进行修订；WTO成员方应提供竞争性金融服务市场（包括支付方式），根据金融服务承诺备忘录，接受《〈服务贸易总协定〉第五议定书》；成员方应根据扩围的《信息技术产品协定》，对信息与通信技术产品免征关税。俄罗斯强调包括关税减免、海关估值、原产地规则、进口许可证、标签、卫生与植物检疫措施、知识产权保护、《服务贸易总协定》各项具体承诺、贸易便利化措施等世贸组织内与电子商务相关的所有市场准入和规制条款均应得到进一步澄清。

发展中国家特别凸显电子商务所应具有的发展属性。巴西、阿根廷、哥伦比亚、哥斯达黎加等国提出电子商务市场准入谈判及规制议题均应对发展中国家和最不发达国家提供一定的灵活性，逐步弥合发达国家和发展中国家之间的数字鸿沟，同时提高妇女和中小微企业对国际贸易的参与程度。

制定国际多边贸易规则、组织多边贸易谈判是 WTO 的核心职能。近年来，WTO 多边回合谈判停滞不前，贸易、投资等国际经贸领域议题日趋复杂，成员方利益多元化日益显著，诸边谈判成为新兴贸易议题和规则形成的重要途径，在诸如服务贸易、信息技术、政府采购、环境产品等领域中都采取了这种方式。诸边贸易协定也被称为“有限性多边条约”，由部分核心成员方、大多为志同道合的成员方间先行达成互惠协定，并在最惠国原则基础上对所有成员开放，形成全球范围内具有约束性、可执行的经贸新规则。[①] 部分 WTO 成员方在多哈回合谈判之外持续开展诸边谈判的《服务贸易协定》(*Trade in Services Agreement*, *TISA*) 和《政府采购协定》(GPA)[②]，就是其中的典型例子。不过，从 WTO 多边贸易体系看，至今尚未形成一套与新技术应用相关的国际经贸新规则，尽管在区域贸易协定中，已经出现了超越 WTO 规则的条款和深化 WTO 规则的条款，但即使是作为最发达国家的美国，其倡导的许多国际经贸新规则也仍处于探索阶段，由于许多领域新技术的应用尚不充分，相关的国际经贸新规则尚未充分展开。

---

① 东艳、张琳：《构建全球数字经济规则》，《光明日报》2019年7月15日。

② 《服务贸易协定》谈判发起于2013年，是世界贸易组织框架下的诸边谈判，美国和欧盟等成员方认为《服务贸易总协定》（GATS）已经落后于时代，主张使用“负面清单”谈判模式推动达成更高标准的服务贸易协定，目前谈判各方在电子商务、金融服务、电信服务、专业服务、国内监管和透明度、航空和海洋运输等领域的谈判取得了一定的进展，但何时能够达成协定还没有时间表。参见倪月菊：《TPP与国际服务贸易新规则及中国的应对》，《深圳大学学报》（人文社会科学版）2016年第1期。《政府采购协定》（GPA）最初于1979年达成，经过多轮修改形成1994版。1994版规定，参加方在协议生效后3年内，继续就协议文本和扩大出价开展新一轮谈判。根据该规定，参加方开展了历时近15年的谈判。2011年12月1日的WTO部长级会议通过了GPA新文本。2012年3月30日，WTO政府采购委员会召开正式会议，一并颁布了GPA2012版和各方新一轮出价。参见中国政府采购网：《政府采购协定》，http：//www.ccgp.gov.cn/wiki/mcjs/201412/t20141231_4895866.htm。

（二）区域贸易协定中适合新技术条件下的国际经贸新规则

1. 区域贸易协定中国际经贸新规则的推进

从 1995 年 WTO 成立以来，除了达成《贸易便利化协定》和《信息技术协定》外，总体来看，在多边贸易框架上没有达成任何规则，适合新技术条件下的国际经贸新规则进展主要体现在区域贸易协定（RTA）中。当然，各区域贸易协定并不是都包含关于数字技术的条款。在包含关于数字技术条款的区域贸易协定中，有关条款的内容和效力在各协定间也有很大差别。有的区域贸易协定包含非约束性或不具强制力的电子商务条款，目的主要在于促进缔约方之间就电子商务问题的合作，内容通常涉及关于发展电子商务的一般规定、消费者保护、隐私保护、透明度、商业企业的行为规则、缔约方之间的信息交换和良好实践、电子认证程序、能力建设、法律和监管框架的建立以及其他方面，且有些区域贸易协定还规定其争端解决制度不适用于有关电子商务的内容。至于包含有约束性或具有强制力的电子商务条款的区域贸易协定，也有大体上仅涉及“不对通过电子输送的产品征收关税”的承诺和明确规定电子商务产品适用非歧视待遇（包括最惠国待遇和国民待遇）的区别，后者这类协定将其关于“服务贸易”和“投资”章节的规定延伸适用至电子商务领域，即适用于通过电子方式提供的商品和服务，除非有负面清单载明的例外情形。总体上看，区域贸易协定中涉及数字技术的主要条款和可能涉及的具体内容如表 7.2 所示。

表 7.2 区域贸易协定中涉及数字技术的主要条款所涉及的具体内容

涉及数字技术的主要条款	所涉及具体内容
与数字贸易有关的贸易规则和市场准入	1. 世界贸易组织规则对电子商务的适用性 2. 电子商务章节的适用范围 3. 数字产品的非歧视待遇 4. 数字产品关税 5. 避免电子商务面临的贸易壁垒 6. 与数字服务相关的开放承诺 7. 跨境信息流动 8. 跨境金融信息流动 9. 计算设施本地化 10. 软件源代码保护
电信监管议题	1. 国内电信监管框架 2. 接入与使用互联网 3. 网络互联费用分担
电子商务国内监管框架	1. 国内规则 2. 电子认证与签名 3. 在线消费者保护 4. 个人信息保护 5. 网络安全 6. 非应邀电子商业信息
数字环境下的知识产权议题	1. 数字环境下的版权及相关权利保护执法 2. 引用“世界产权组织互联网条约” 3. 保护计算机程序和数据库 4. 互联网的电视信号再传输 5. 对于互联网上的侵权复制的专门措施 6. 技术保护措施 7. 权利管理信息保护 8. 卫星和光缆项目信息保护 9. 数字商标保护 10. 互联网域名管理 11. 网络服务提供者责任 12. 政府使用软件

续表

涉及数字技术的主要条款	所涉及具体内容
电子政务	1. 无纸化贸易监管 2. 电子化的原产地证书体系 3. 自动化的海关操作系统 4. 电子商标注册体系 5. 以电子方式进行政府采购的一般性原则 6. 政府采购的电子投标体系 7. 使用电子方式发布政府采购信息 8. 政府采购的一站式信息窗口 9. 使用电子通信方式进行政府采购 10. 对政府采购的文件和数据保护措施 11. 以技术原因对投标进行限制 12. 信息的电子发布 13. 区域贸易协定机制性安排的电子化管理
合作与技术援助	1. 科学领域的合作与技术援助 2. 信息及通信技术领域的合作与技术援助 3. 电子商务领域的合作与技术援助

2. 欧盟参加的区域贸易协定中的电子商务条款

在欧盟参加的较为早期的区域贸易协定中，常出现富有劝导性的措辞使各方展开数字贸易合作，但近年来，欧盟参加的区域贸易协定中，谨慎的“软性语言”逐步过渡为“进攻性条款”，措辞变得更翔实和更具有约束力。

首先，欧盟在数字贸易知识产权保护中针对该领域的执法程度和保护水平，全面引入了“TRIPS+”条款，在执法层面上削减已有的例外条款，取消在《与贸易有关的知识产权协定》（TRIPS）（1994）中的保护措施和例外条款。例如，TRIPS 的程序性条款规定在民事临时措施中应该听取被告陈述，并规定了这些措施的持续时间。这些不利于知识产权权利人的做法在欧盟参加的区域贸易协定中多被取消。

其次，提高知识产权权利人保护水平的广度和深度。例如，延长音乐和艺术作品等视听部门的版权保护年限；确保音乐和艺术作品拥有者在缔约国领土内其作品被使用时获得薪酬的权利；扩大信息知情权（TRIPS 对信息知情权仅作非强制性的要求，且附有比例限制，即权利受损方可要求侵权方提供数据，但获得的比例要与知识产权受损的程度相符，而欧盟参加的区域贸易协定中对该内容有强制性要求，且去除了比例限制）；引入网络中介责任以规范互联网服务提供商（Internet Service Providers，ISPs）和网络交易平台的法律义务和责任，等等。

最后，在"视听例外"和"隐私保护"上坚持欧盟的传统立场。视听部门既是数字贸易的关键内容，也是文化部门的重要组成部分。欧盟不但明确引入"文化例外"、在区域贸易协定中附上与 GATT 第 20 条一致将文化部门排除在外的规则，还特别在"服务贸易"章节的通则中附上"视听例外"条款。同时，出于隐私保护和国家安全的考虑，欧盟在其参与的区域贸易协定中一直持有若隐私安全得不到保障，欧盟的个人数据将不允许流出的立场。

大体上看，这些区域贸易协定中涉及数字贸易的条款主要分布于各个不同章节如"电信""金融""投资""知识产权"等。这种体例使它们在应用上存在难度。另外，欧盟参与的区域贸易协定针对电信部门的外资股权的开放程度较低；针对一些数字贸易给传统贸易规则带来的挑战，如是否在数字贸易领域适用"最惠国待遇"和"国民待遇"等问题，也没有给出明确的回应。①

---

① 周念利，陈寰琦：《数字贸易规则"欧式模板"的典型特征及发展趋向》，《国际经贸探索》2018年第2期，第96～106页；王晓德：《全球自由贸易框架下的"文化例外"——以法国和加拿大等国抵制美国文化产品为例》，《世界经济与政治》2007年第12期，第71～77页；孙益武：《〈欧盟加拿大经济贸易协定〉知识产权条款研究》，《电子知识产权》2015年第10期，第38～45页。

3. 美国参加的区域贸易协定中的电子商务条款：以 CPTPP 为例

美国参加的区域贸易协定中，目前具有较大的示范意义的是《跨太平洋伙伴关系协定》（TPP）。虽然在美国退出 TPP 后，TPP 原 11 个成员方最终签署的《全面进步的跨太平洋伙伴关系协定》（CPTPP）已不能被认为是美国参加的区域贸易协定，然而，考虑到 CPTPP 最终版本完整地保留了 TPP 的“电子商务”“政府采购”“国有企业”等章节所包含的 TPP 电子商务条款的核心部分，这里仍以 CPTPP 为例，探析美国参加的区域贸易协定中电子商务条款的具体形态。

与以往的区域贸易协定相比，CPTPP 代表了更高水平和更全面的贸易自由化，并涉及更多在传统贸易协定中鲜有涉及的新议题。CPTPP 在承诺方式、整体架构、重点服务部门的自由化推进、借助“监管一致性”议题促进服务市场开放等方面均呈现出高标准的特征。

在承诺方式上，CPTPP 采用了“负面清单”模式，这是 CPTPP 作为新一代贸易协定的标志性特征之一。以往的双边和区域 FTA 协议有的以正面清单为主，有的以负面清单为主，也有两种方式共存的混合谈判方式。GATS 是以正面清单为主的谈判方式，TISA 采取了混合谈判方式，TPP 则彻底采用了负面清单的方式。从历史上看，1994 年生效的《北美自由贸易协定》（NAFTA）首创“准入前国民待遇 + 负面清单”的投资规则模式，在实践上取得突破。尽管从本质上讲，“正面清单”与“负面清单”承诺方式均能促进服务部门的自由化，然而后者比前者更具有透明性、稳定性、普遍适用性和高效性等优势，因此，采用“负面清单”方式也被认为蕴含着高标准的自由化。

在国民待遇方面，CPTPP 明确国民待遇是成员方的一般义务，即对所有服务部门，包括不可预知的新型服务部门实行准入前国民待遇。在 GATS 中，国民待遇不是一项普遍适用的原则，即国民待遇只适用于成员承诺开放并列入清单的部门，因而被认为是多边层面最具灵活性的开放规则。发展中国家可以根据其意愿选择开放较少部门和降低开放程度。最不发达国家则可完全免于开放其服务部门。早期签署的大多数双边投资协定广泛采用控制模式，很多双边投资协定甚至没有提及国民待遇原则，只有一般禁止歧视待遇的规定。NAFTA 是世界上最先采用国民待遇和最惠国待遇相结合模式的贸易协定，也是最先明确提出准入前国民待遇的贸易协定。此后，准入前国民待遇才逐渐成为部分双边或区域协定中成员方的一般义务，CPTPP 亦然。

在最惠国待遇方面，因为 CPTPP 在性质上属于部分国家签订的自由贸易协定（FTA），是 WTO 协定所允许的最惠国待遇的例外，所以 CPTPP 执行的是有条件的最惠国待遇。而 WTO 体制下的最惠国待遇不同于双边贸易条约中规定的最惠国待遇条款，它是一种无条件的最惠国待遇，即确保 WTO 的一方成员给另一方成员的任何贸易优惠都立即无条件地提供给所有其他成员，从而使最惠国待遇多边化（但 WTO 成员可以提出豁免，通常不超过 10 年）。

在市场准入方面，服务贸易总协定（GATS）强调只是在做出市场准入承诺的部门（除非在其减让表中另有列明）不得实施数量限制；CPTPP 协议则强调除列入负面清单的部门外，均不得对服务提供者强制实施数量限制。

在国内规制方面，GATS 虽然对各成员的国内规制表示尊重，并对各成员提出了一定的义务和要求，但缺乏“必要性测试”，而必要性测试是各成员实现国内规制自主权的工具，是合理调控与滥用调控权的界限。如果没有必要性测试，GATS 国内规制款项下的资格要求、许可要求和技术标准都将失去现实意义。CPTPP 特别强调各缔约方应以合理、客观、公正的方式来管理影响贸易的一般适用的所有措施，以确保其不构成对服务贸易的障碍。在必要的情况下，要对国内规制进行“必要性测试”。

此外，与 GATS 条款不同的是，CPTPP 规定了锁定开放现状，未来的自主开放措施一旦实施不可撤回的“禁止反转机制”，即“棘轮条款”，其意义在于保证服务贸易自由化不断向更高水平推进。任何缔约方不管是以诸边方式还是以单边方式减少或取消的歧视性贸易措施，一旦做出承诺就被“锁定”，不得回退。

与 GATS 相比，CPTPP 在文本的章节和内容设计上也有了较大的变化。从服务贸易四大模式和十二大服务贸易分类看，GATS 的正文只是对服务贸易的基本规则如最惠国待遇、国民待遇、市场准入、补贴、争端解决机制等条款进行了解释，提供服务的自然人流动、金融服务和电信服务则被作为附录。TPP 将模式一“跨境服务贸易”单独设章（第十章）、模式三和模式四则分布于其他章节中，如“投资”章中涉及服务业投资（模式三）、“商务人员临时入境”章中涉及服务贸易提供模式四中自然人流动的相关内容。此外，CPTPP 对重点服务贸易类别进行了深度自由化设计。为了凸显金融服务和电信服务这两大类服务贸易的重要性和敏感性，CPTPP 专设“金融服务”章（第十一章）和“电信服务”章（第十三章）。此外，TPP 在电子商务、政府采购、竞争政策、法律的发布、机构安排与争端解决等议题中也对服务和服务贸易利益相关方进行了约束。[①]

CPTPP 中适合新技术条件下的国际经贸新规则主要体现为其“电子商务”章的规定，其在跨境信息流动、计算设施的位置、源代码等方面包含与之前区域贸易协定相比具有更高标准的规定。TPP 电子商务专章的核心是自由、开放

① 倪月菊：《TPP与国际服务贸易新规则及中国的应对》，《深圳大学学报》（人文社会科学版）2016年第1期。

的数字产品和服务贸易，其内容主要是鼓励数字贸易、保护消费者隐私、限制数据保护主义以及支持开放互联网的相关规则。[1]

第一，鼓励数字贸易。CPTPP 第 14.11 条“通过电子方式跨境传输信息”规定，缔约方应当允许涵盖的人为开展其业务而通过电子方式跨境传输信息，包括个人信息。当然，CPTPP 跨境信息流动规范的适用范围有限。根据 TPP 第 14.1 条的定义，涵盖的人（Covered person）包括涵盖的投资 (covered investment)、缔约方的投资者 (an investor of a Party) 以及服务提供者 (a service supplier of a Party)。也就是说，CPTPP 并非适用于所有的跨境信息流动，既不适用于普通的网络用户，也不适用于信息的非金钱交易，而是仅适用于信息提供者的商业行为。

第二，保护消费者隐私。CPTPP 针对消费者隐私保护的措辞也十分明确。CPTPP 第 14.7 条“线上消费者保护”要求缔约方应采取或维持消费者保护法，且 CPTPP 缔约方明确承认保护隐私对增强消费者对电子商务的信心的重要作用，因此在第 14.8 条“个人信息保护”中要求缔约方应采取或维持保护电子商务用户个人信息的法律框架，并公布其对电子商务用户提供个人信息保护的相关信息，且努力采取非歧视做法。最后，TPP 要求缔约方鼓励建立机制以增强不同隐私体制间的兼容性。

第三，限制数据保护主义。数据保护主义主要表现为本地化要求，包括当地存在要求、本地管理层和董事会要求、本地内容和业绩要求等。CPTPP 第 14.13 条“计算设施的位置”明确规定，缔约方既不能要求企业在当地建立数据储存中心，也不能要求其使用本地计算设施，换言之，缔约方承诺不施加任

---

① J. Schott and Cathleen Cimino-Isaacs，Assessing the Trans-Pacific Partnership Volume 2：Innovations in Trading Rules，Peterson Institute for International Economics，March 2016.

何形式的计算设施本地化要求。

第四，支持开放互联网。CPTPP 第 14.4 条“数字产品的非歧视待遇”要求，缔约方给予另一缔约方的数字产品的待遇，不得低于其给予其他同类数字产品的待遇。当然，政府仍然可以向自己的生产者或开发者等提供补贴或赠款，包括政府支持的贷款、担保和保险。CPTPP 第 14.10 条“电子商务网络的接入和使用原则”树立了旨在让消费者拥有一系列能力的网络治理的原则，其指出，缔约方认识到，消费者拥有在遵守合理网络管理的前提下由其选择接入和使用在互联网上可获取的服务和应用，在其选择的终端用户设备不损害网络的条件下将该设备接入互联网，以及获得互联网接入服务提供方网络管理行为的信息的能力可从中获益。

当然，CPTPP 跨境数据流动规范同样可以适用例外规定。CPTPP 第 29 章“例外和总则”的规定确保了缔约方在公共安全包括其他政策领域享有完全的监管权力。在跨境数据流动方面，这一规定主要与网络审查和过滤有关。因为审查和过滤可能改变数据的流向，从而造成贸易扭曲，而 CPTPP 赋予了缔约方利用相关规则挑战其他以歧视性方式实施网络审查和过滤的缔约方的权利。

应当说，CPTPP 覆盖的互联网服务提供者和使用者的范围是此前的贸易协定无法企及的。得益于 CPTPP 负面清单谈判方式及区域贸易协定谈判本身的优势，CPTPP 数字贸易规则取得了相当程度的进展。不论 CPTPP 数字贸易规则对 WTO 电子商务谈判的影响如何，都将对全球范围内的适合新技术条件下的国际经贸新规则产生重要影响。尽管特朗普政府已退出 TPP，但是这并不会影响 CPTPP 作为 21 世纪国际经贸新规则范本的重要地位。即便对于美国而言，从《美墨加协定》等近期其参加的区域贸易协定和《跨大西洋贸易与投资伙伴协议》（TTIP）等其仍在谈判的区域贸易协定来看，其未来也仍然会以

TPP 中的相关规则为基础，通过区域贸易协定谈判谋求更高水平的适合新技术条件下的国际经贸新规则。

在 USMCA 中，含有数字贸易内容的章节主要有“数字贸易”（第 19 章）、“电信”（第 18 章）、“知识产权”（第 20 章）、“投资”（第 14 章）、“跨境服务”（第 15 章）和“部门附件”（第 12 章）等。USMCA 的“数字贸易”章所涵盖的数字贸易规则在内容和数量上都远超其他章节。该章主要界定了数字贸易的术语，如电子手段、计算设施、数字产品、交互式计算机服务（第 19.1 条），“数字贸易”章节的涵盖范围和总则（第 19.2 条），对数字传输内容实施永久免关税（第 19.3 条），给予数字产品国民待遇和最惠国待遇（第 19.4 条），承认电子认证和电子签名的有效性（第 19.6 条），承认电子形式文件与纸质文件享有同等有效性（第 19.9 条），要求允许跨境数据流动（第 19.11 条）和自主选择计算设施和数据的存储位置（即数据存储非强制本地化，第 19.12 条），要求不得强制公开源代码和算法（第 19.16 条），豁免互联网服务提供商的第三方侵权责任（第 19.18 条）。“知识产权”章规定了可豁免网络服务提供商对平台上版权侵权行为负责的情形（第 20.89 条）。“投资”章规定不得强制投资者进行技术转让，以及不得强制投资者购买或者采用特定技术（第 14.10 条）。“电信”章节要求不得剥夺公共电信服务提供商选择技术的自由（第 18.15 条）。“跨境服务”章肯定了传统贸易规则对数字贸易的适用性（第 15.2 条）。“部门附件”要求不得强制 ICT 产品提供商或制造商公开产品中涵盖的加密技术（第 12.C.2 条）。①

同时，对于其他一些致力于构建国际经贸新规则的国家和地区而言，

① 陈寰琦，周念利：《从USMCA看美国数字贸易规则核心诉求及与中国的分歧》，《国际经贸探索》2019年第6期，第104～114页。

CPTPP 也是它们主要的参考对象。例如，2019 年 5 月 17 日新加坡、智利、新西兰开始进行三方谈判的《数字经济伙伴关系协定》（*Digital Economy Partnership Agreement*，*DEPA*）即拟关注人工智能、电子支付、电子发票、数字认证、跨境数据流动等数字经济的前沿问题，制定高标准，并为国际经贸规则提供基准，为中小企业的数字化和国际化提供支持。[①] 新加坡等国的上述尝试显然也是在 TPP 的相关国际经贸规则的基础上做出的进一步努力。

4. 小结

据统计，在 WTO 的 311 个区域贸易协定中，1995 年以后签署的协定达到 280 个，占 90.03%，2000 年以后签署的区域贸易协定达到 258 个，占总区域贸易协定的 82.96%。这些协定的基本特点如下。

第一，直接反映电子商务的条款不断增加，并演变为数字贸易规则。相对区域贸易协定含有电子商务的专门章节，目前有 85 个自贸区协定（FTA）包含电子商务条款。特别是随着全球数字贸易服务提供商的出现以及数字应用领域全面渗透到各个产业领域（甚至包含政府信息服务领域），电子商务议题逐渐被替换为数字贸易规则议题。代表当前数字贸易规则最高标准的美国、墨西哥和加拿大三国的《美墨加协定》设有内容相当丰富的数字贸易专章，其除了涵盖关税、数字产品的非歧视性待遇、国内电子交易框架、电子认证和电子签名、在线消费者保护、个人信息保护和无纸贸易等传统条款外，还包括计算设备的位置、网络安全、源代码、交互式计算机服务和开放政府数据等新条款。

---

① Singapore Leads The Way In New Digital Economy Partnership Agreement With Chile And New Zealand，https：//www.mti.gov.sg/Newsroom/Press-Releases/2019/05/Singapore-leads-the-way-in-new-Digital-Economy-Partnership-Agreement-with-Chile-and-New-Zealand；New Zealand joins Chile，Singapore in talks on digital economy partnership，http：//www.xinhuanet.com/english/2019-05/18/c_138069053.htm.

第二，欧美主导的区域贸易协定彻底抛弃 WTO 的《服务贸易总协定》，在协定中专门规定不符措施条款，并用附件形式列出负面清单，保留相关行业和事项。对于承诺表列出的保留措施，负面清单类型的协定通常对现有的不符措施（附件一）以及未来的不符措施（附件二）加以区分，并且专门列出金融部门的不符措施（附件三）。其中，部门、子部门是指该条目涉及的部门和子部门；涉及义务是指不适用于法律、法规或其他措施不一致方面的条款；政府级别是指维持列明不符措施的政府级别；措施是指该条目涉及的法律、法规或其他措施；描述规定了有关措施的大致的、无约束力的描述。

第三，无论在货物贸易领域，还是服务贸易中的电信服务、金融服务领域，以及知识产权领域，都体现了新技术形成的新国际贸易模式，其具体体现在这些协定的有关具体条款之中。并且，欧美都试图将这些适合新技术条件下的国际经贸新规则延伸至多边领域，从而获取国际经贸新规则的主导权。

（三）二十国集团（G20）在适合新技术条件下的国际经贸新规则进展中所起的作用

在 2015 年土耳其安塔利亚峰会上，二十国集团领导人认识到，我们生活的互联网经济时代给全球经济增长带来的机遇与挑战并存。由此，此次峰会于 G20 的历史上第一次提出互联网经济时代给全球经济增长带来的机遇与挑战并存的态势。

2016 年，G20 在中国杭州峰会上探讨共同利用数字机遇、应对挑战，促进数字经济推动经济实现包容性增长和发展的路径。中国作为 2016 年 G20 杭州峰会的主席国，首次将数字经济列为峰会的一项重要议题。G20 杭州峰会通过了《G20 数字经济发展与合作倡议》，其包括 5 个部分 17 个方面，对数字经济的概念、指导原则、关键领域、政策支持和前进方向等提出了有关倡议。

2017 年，G20 德国杜塞尔多夫峰会提出了三个关于数字化路线图的具体设想，即数字化未来的政策、数字技能的职业教育及培训和 G20 关于数字贸易的优先事项，同时成立了数字经济工作组（DETF）——这个工作组是 2017 年 G20 轮值主席国德国根据 G20 在 2016 年杭州峰会通过的决定而成立的。相应地，2017 年 G20 峰会除了部长会议数字经济宣言外，形成了以下三个附件：①数字化路线图：数字化未来的政策；②数字技能的职业教育及培训；③ G20 关于数字贸易的优先事项。数字化路线图明确促进数字技术在全球范围内的获取、采用和有效使用；鼓励继续投资发展数字基础设施，以满足现有及未来的需求，并帮助弥合数字鸿沟。

在中国和德国分别担任 G20 轮值主席国期间，G20 成员制定了一个路线图，以改进采用新数字技术的方式，使公共政策适应这个新的数字时代，并支持中小企业（SME），以便它们能够从数字化中受益。G20 工作的关键在于考虑到性别、安全和消费者隐私问题。2018 年 G20 数字经济议题基于前两轮会议达成的共识，力求在数字化转型时代为包容性发展提供建议，特别关注性别问题，并讨论以下主题：数字包容；未来的工作技能；数字政府；中小企业和创业以及工业 4.0 和农业技术。2018 年 G20 阿根廷布宜诺斯艾利斯峰会重申解决信息通信技术安全使用问题的重要性，支持信息、思想和知识的自由传播，在尊重适用法律框架的同时致力于确立消费者信任、隐私、数据保护和知识产权保护。[①]

① Digital Economy，https：//www.g20.org/en/g20-argentina/work-streams/digital-economy.

2019 年 6 月底在日本大阪结束的 G20 领导人第十四次峰会通过的《二十国集团领导人大阪峰会宣言》强调，各方致力于实现自由、公平、非歧视性、透明、可预见、稳定的贸易和投资环境，保持市场开放，并明确提出电子商务问题的讨论应以建立国际贸易规则为目标，宣布正式启动“大阪轨道”，呼吁各国在 2020 年 6 月举行的第 12 届 WTO 部长会议上取得谈判的实质性进展，以促进各国数字经济发展。G20 大阪峰会上，日本作为东道国提出了“基于信任的数字流动”概念，主张建立允许数据跨境自由流动的“数据流通圈”，需要在兼顾个人隐私、伦理和知识产权与网络安全的基础上，推动全球数据的自由流通并制定可靠的规则。①

在其最初的十余年历史中，G20 作为一种危机应对及预防机制在国际治理中一直处于边缘化地位。2008 年美国金融危机爆发后，传统的国际治理机制——七国集团（G7）和其主要执行机构国际货币基金组织（IMF）未能发挥应有作用，而 G20 却一跃成为应对这场危机的最核心治理机制，并迅速升级为峰会，进而在匹兹堡峰会后取代七国集团成为国际经济对话的首要平台。作为一种非正式国际机制，G20 的定位是在发达经济体与新兴经济体之间寻求政治共识。② 从近年来 G20 历次峰会宣言所表达的相关立场来看，其对于互联网技术、数字技术等在国际经贸新规则进展中所起的作用有比较充分的认识，并且也提出了一些较为具体的构建适合新技术条件下的国际经贸新规则的设想，这与 G20 若干重要成员国如中国、日本和德国的努力是分不开的。

---

① 东艳、张琳：《构建全球数字经济规则》，《光明日报》2019年7月15日。
② 朱杰进：《二十国集团的定位与机制建设》，《阿拉伯世界研究》2012年第3期。

三、推进以数字经济为基础、促进新技术发展的国际经贸新规则

（一）要充分认识众多发展中国家在 WTO 多边贸易体系层面巨大利益的不可替代性，对美欧日在 WTO 提出的部分合理诉求予以积极回应，推动电子商务谈判在 WTO 层面取得早期收获，并在我国主导的双边、区域和诸边贸易协定中纳入新技术应用相关议题

从适合新技术条件下的国际经贸新规则进展趋向可以看出，我国要推进以数字经济为基础、促进新技术发展的国际经贸新规则，就应当维护国际经贸多边体制，保证 WTO 体系的正常运作和推动多边层面国际经贸新规则的形成，同时推进区域、双边高水平自贸区协定网络体系（特别是涉及“一带一路”国际合作的自贸区协定）的形成。

由 G20 日本峰会将 WTO 改革和现代化作为核心议题这一近期事态来看，建议我国在 WTO 多边贸易体系层面，重点在国家地位和市场经济地位两个重大议题中提出自己的主张。其一，关于发展中国家地位问题。我国应当主张从不同领域去考虑，而不是“一刀切”。与数字相关的新议题与国家安全和国家治理能力相关，也与产业发展阶段相关。其二，市场经济地位问题。一个经济体具备市场经济地位往往需要一个复杂的过程，而且在不同议题的表现也不同，需要长期的结构性调整，我国应该为发展中国家（包括我国在内）争取更

长的过渡期，秉持多边贸易体制的包容性，继续维护发展中成员享受特殊与差别待遇的权利。只有这样，才能进一步推动以数字经济为基础、促进新技术发展的国际经贸新规则谈判，减少贸易壁垒，维护自由贸易和基于规则的多边贸易体制，同时，实现对世界贸易组织进行必要改革，增强其权威性和有效性，努力使各经济体之间的贸易在总体上达到平衡。

WTO 成员方都认识到发展电子商务对推动一国经济发展的重要性，但各成员方在新技术产业发展阶段和监管治理能力等方面有着巨大差异。在适合新技术条件下的国际经贸新规则方面，欧美等发达经济体已经完成了从电子商务到数字贸易高版本规则的转型，并调整了其本国或本地区相关的法律、法规和政策，而许多发展中国家在这方面基本是空白。我国应该致力于反映大部分发展中国家的诉求，关切大多数发展中国家的承受能力，在电子传输的关税豁免，电子签名和电子认证，消费者保护，个人数据保护，国内电子交易框架等领域推动先期谈判尽快展开，并争取早日达成协定，为重塑多边贸易体系树立信心。

在中国—新加坡《自由贸易协定升级议定书》“电子商务”章包含电子认证和电子签名、在线消费者保护、个人信息保护、无纸化贸易、透明度等内容的基础上，未来我国还要在由我国主导的双边、区域和诸边贸易协定中的跨境数据传输、网络安全等领域寻求突破，在其电信服务、金融服务等章节中，要体现数字技术对规则的需求。同时，我国与 17 个国家签署双边电子商务合作谅解备忘录，合作伙伴覆盖了五大洲，但这些双边电子商务合作谅解备忘录也仍然需要在政策沟通、企业合作、能力建设和人员培训等方面得到进一步落实。

（二）应当使跨境数据和信息流动的自由与安全和各方利益相协调，做到跨境数据和信息合法流动

跨境数据流动中应当平衡好发展和安全的关系，需要使数据跨境流动成为一种安全有序的流动，不得由此损害个人权利和危害国家安全。这就有必要在确保网络安全的前提下进行跨境数据流动。

当前，通过对跨境数据流动行为加以规制而保障网络安全，是世界各国的通行做法。实践也证明，只有有效规制跨境数据流动行为，保护数据安全，保障网络安全，才能更好地实现跨境数据流动为各国所用，为人类造福。因此，以数字经济为基础、促进新技术发展的国际经贸新规则要反映不同经济体的安全、监管、产业保护和治理能力诉求，共同应对计算机犯罪和网络犯罪、恐怖主义等网络风险和挑战，维护全球网络安全。

我国历来注重维护国家安全和公共利益，在涉及网络安全时并不严格区分国家安全和个人信息保护，并且有以国家安全涵盖个人信息保护的倾向，容易给人造成限制自由的印象。事实上，目前各国也大多仅以自己对政策平衡的理解来制定国内措施并影响国际规则制定，尚未充分兼顾其他国家的需要。未来相关国际经贸新规则若要达成不同政策目标和权利义务之间的平衡，就需要各国充分协商，积极听取其他利益相关方的意见，争取最大限度达成共识。

除在国际层面争取达成政策平衡外，一国国内的互联网管理政策也应在促进经济发展、保障国家安全和维护公民合法权益等政策目标之间形成动态平衡。以网络安全政策为例，维护网络安全是各国均十分重视的政策目标，但安全要在技术和产业发展中才能获得真正保障。一国制定网络安全政策法规时，

需全面、充分考虑对信息技术和互联网产业发展的潜在影响。这不仅包括政策法规在本国境内对本国和外国企业的直接影响，要避免造成歧视和不必要的贸易壁垒，还包括政策可能引发其他国家对等待遇对本国企业“走出去”的影响，避免因本国网络安全政策对外国互联网产品和服务限制过于严格而导致本国企业在国外遭到其他国家报复式对等待遇。一国的互联网管理政策应有助于将本国建成对全世界人才、技术、数据和资金具有吸引力的市场，在长期视角上实现安全和发展的动态平衡。①

（三）加快数字关键技术的突破，掌握标准和规则制定的主导权和主动权

首先，我国需要评估数字技术特别是关键技术领域在全球的地位。目前华为和中兴等我国企业在全球数字通信技术研发方面具有一定的优势，但我国不仅要对现有数字通信领域的地位进行评估，而且要对我国所在细分领域进行评估，进一步明确我国在数字通信中的地位。我国要根据数字前沿技术的变化趋势，判断未来在数字通信领域的前沿技术以及可能的走向，例如量子技术的发展领域和趋势。

其次，我国需要建立数字核心技术攻关联盟。应以科研院所、高等院校与华为、中兴等企业联合成立数字核心技术领域的攻关团队，争取在算法技术、量子技术和工业互联网等前沿领域取得突破，重点是新一代技术的标准制定权。美国已经构建了“美国量子联盟”，2018 年，美国能源部拨款 2.18 亿美元资助 85 个研究项目，主要用于量子科学的基础研究；美国国家科学基金会

① 徐程锦：《国际经贸协定中网络空间治理议题的新发展》，《区域与全球发展》2018年第3期。

则提供3100万美元用于资助量子基础研究，为推进量子计算、量子保密通信提供支持，并将用于培养下一代量子科学家、工程师和企业家等。我国政府在这方面也应当有相应的举措。

最后，我国需要形成适合数字技术相关领域研发的营商环境。高校研究机构和企业在科技创新机制方面有共性的一面，也存在着差异。其共同点在于，无论是研究机构还是科技创新机制，其都是研究主体的内在动力机制；其差异在于，高校团队重在探索新发现，而企业实体研究机构重在围绕未来企业发展从事研发活动，成为未来新一代产品的领导者，故相对而言有一定的目标。因此，政府应该为不同科研机构营造相应的创新机制，形成适合数字技术相关领域研发的营商环境。

（四）推动多领域、多层次的数字基础设施投资贸易合作

数字基础设施是以数字经济为基础、促进新技术发展的国际经贸新规则的重要依托，但数字基础设施投资周期长，特别是欠发达地区的数字基础设施还存在投资收益低的特点。这就需要通过各国之间的投资合作、进一步扩大投资贸易开放等措施，加快推进与数字服务相关的基础设施建设。在这方面，我国具备相当的优势。G20杭州峰会通过的《G20数字经济发展与合作倡议》中，作为其关键领域的投资和合作方面，G20明确数字经济合作的优先事项，包含扩大宽带接入，提高宽带质量，加速网络基础设施建设；促进互联网交换中心（IXPs）建设；在合法可预测的竞争环境中，促进宽带网络覆盖、提高服务能力和质量。2018年G20布宜诺斯艾利斯峰会会议议程关注的三大主题即未来就业（The future of work）、促进发展的基础设施建设（Infrastructure for development）和构建粮食系统的可持续未来（A sustainable food future）虽然都看似与数字经济没有直接关联，但至少其中的“促进发展的基础设施建设”包含着涉及“数字连接”（digital connectivity）的基础设施。G20 官网所刊登的《2018 年 20 国集团阿根廷主席国概述：为公平和可持续发展建立共识》指出，将私人资源投入基础设施建设对缩小全球基础设施鸿沟而言十分重要，对投资人而言，这也是未来稳定收益的保障，而这需要通过国际合作来达成。促进发展的基础设施作为一种资产类别拥有更大的潜力，它把今天的储蓄转变为公共基础设施、高效的运输服务、基本卫生设施、能量流动和“数字连接”，将使今天的每个人成为明天的全球公民和工作者。[①] 对于我国而言，推动多领域、多层次的数字基础设施投资贸易合作可以有如下举措。

第一，建设 G20 数字投资合作平台。

G20 下一步在数字基础设施的合作应拿出具体合作路线图，并付诸实施。与数字服务有关的基础设施投入应从为未来经济发展、创新和技术开拓提供基础的角度予以考虑。然而，在收获基础设施优势的初期，不一定需要做出巨额前期资金投入，相反，发展本地基础设施等低成本举措，如建立区域性互联网交换点，将服务提供商聚集在某一地区以及为更广泛地实现无线和移动连接放松有关使用频谱的限制等，就可能产生重大影响，并为评定更大规模基础设施投入可能产生的优势奠定基础。本地伙伴关系还有助于管理基础设施的成本，使多个组织和政策机构分摊将在之后使更多人受益的基础设施建设成本。以节约支出的方式打造的稳健、密切的本地伙伴关系可以为各方带来利益，还可以避免多余的中间方并消除不必要的交易成本。本地合作移动网络可在降低基础

① OVERVIEW OF ARGENTINA’S G20 PRESIDENCY 2018，BUILDING CONSENSUS FOR FAIR AND SUSTAINABLE DEVELOPMENT，https：//g20.argentina.gob.ar/en/overview-argentinas-g20-presidency-2018.

设施的成本中发挥重要作用，从而以循序渐进的投资战略将优势体现在基础设施的建设过程中。当然，从长远来看，应确保基础设施的大量投资，以充分实现这些服务的优势，但当务之急还是要为加大对基础设施的依赖所产生的增效节支优势提供明确的佐证。

为此，基础设施投资应尽可能为未来更新、重新配置和调整保留余地。这或许意味着提供超越当今需求的基础设施容量，为更新基础设施建立自动化方式或为定期评定现有基础设施是否满足用户需求做出规划。这亦可能意味着对供应链和物流等基础设施进行定期审议和更新，以便确保不断满足网络需求并为技术发展提供支持。①

第二，促进国际金融机构参与与数字服务有关的基础设施投资。

国际金融机构是以促进发展中国家的经济发展和社会进步为基本原则的实体，因此其项目主要集中于基础设施（如能源、交通）、农业、社会发展（教育、卫生）以及工业开发部门。数字服务相关的基础设施已经对能源、交通、农业、教育、卫生和工业开发部门等产生深远的影响，因而应该将其作为一个重要投资领域。

亚洲基础设施投资银行是一个政府间性质的亚洲区域多边开发机构，重点支持基础设施建设，成立宗旨是为了促进亚洲区域的建设互联互通化和经济一体化的进程，并且加强中国及其他亚洲国家和地区的合作。应当有意识地促进亚洲基础设施投资银行及其他类似的国际金融机构参与与数字服务有关的基础设施投资。

---

① ITU-D第1研究组：《云计算的接入：发展中国家的机遇和挑战》，http://www.itu.int/ITU-D/study-groups。

第三，进一步开放基础电信领域，吸引更多国内外投资者投资电信领域。

从 2013 年到 2017 年 OECD 历年发布的外国直接投资监管限制指数看，首先，从服务业外国直接投资监管限制指数看，电信（含固定业务和移动业务）部门是相对最高的；其次，比较 2013 年到 2017 年的数据可以看出，主要国家电信部门外国直接投资监管限制指数的变化不大；最后，各国之间外国直接投资监管限制指数差异很大。因此，努力使各国减少电信部门对外国直接投资监管限制措施，将有助于各国进一步吸引外资，扩大对基础电信和增值电信行业的投资。

执笔：沈玉良　陈历幸　张鹏飞

（上海社会科学院世界经济研究所　上海社会科学院法学研究所）

参考文献

[1] 世界贸易组织 . 世界贸易报告 2018：数字技术如何改变全球商务 . 上海：上海人民出版社，2019.

[2] Fogel，R. W.（1964），Railroads and American Economic Growth：Essays in Econometric History，Baltimore：John Hopkins University Press.

[3] Baldwin，R.（2006），“Globalisation：the great unbundling（s）”，Helsinki：Prime Minister’s Office Economic Council of Finland.

[4] Richard Baldwin，范连颖 .21 世纪的区域主义——弥合 21 世纪的贸易与 20 世纪贸易规则之间的差别 . 经济资料译丛，2012（1）：55–71.

[5] Gill T A. THE GREAT CONVERGENCE[J]. Ecumenical Review，2010，20（4）：385–394.

[6] 沈玉良 . 上海率先构建全球数字贸易平台研究 . 科学发展，2019（7）：33–41.

[7] 沈玉良，李海英，李墨丝，弓永钦 . 数字贸易发展趋势与中国的策略选择 . 全球化，2018（7）：28-40+134.

[8] 赵硕刚 . 国际经贸规则变化趋势对我国的影响及对策 . 海外投资与出口信贷，2019（3）：30-35.

[9] 张晓颖 . 国际经贸规则发展新趋势及中国的对策研究 . 外交学院，2018.

[10] 刘志中，王曼莹 . 国际经贸规则演变的新趋向、影响及中国的对策 . 经济纵横，2016（6）：106-110.

第八章 AI治理

从科技中心主义到科技人文协作

——2019年全球人工智能治理报告

作为有望引领第四次工业革命、重塑经济社会发展形态的新兴技术，人工智能（AI）已经成为全球科技竞争的焦点。2017 年以来，全球 30 多个国家（如美、中、日、德、英等）和地区（如欧盟）已出台了 AI 战略，抢占技术、应用和产业高地。在此背景下，人工智能作为底层技术（如深度学习、强化学习）、功能性应用（如人脸识别、语音识别）和应用领域（如安防、交通、医疗）组成的产业生态系统，正从互联网领域加速扩张渗透到实体经济等诸多领域和各行各业，并与大数据、云计算、IoT 等深度融合，推动经济社会数字化、智能化发展，并塑造新的经济和社会形态。我国作为全球最大的互联网市场，为人工智能的发展提供了肥沃的土壤，在数字世界与物理世界融合、人工智能与实体经济融合、从数字化到智能化转型等背景下，人工智能新技术给我国经济社会的高质量、可持续发展提供了前所未有的机遇，需要适宜的制度土壤来孕育面向未来的产业格局和国家竞争力。

但是人工智能的广泛应用，也引发了社会各界对于人工智能的法律、伦理和社会影响的持续关注和激烈讨论，呼吁重视 AI 伦理，加强 AI 治理，践行科技向善，发展安全可信、负责任的人工智能。回顾 2019 年，AI 伦理原则和 AI 伦理审查，以及 AI 算法决策、深度伪造和合成内容、人脸识别、自动驾驶汽车和“城市空中出行”（UAM）、AI 医疗等细分领域监管，是全球人工智能治理的焦点话题，表明国内外对人工智能治理的持续高度重视。总结各国经验，对于人工智能需要采取多方主体共同参与的多元多层次治理模式，构筑适宜技术创新和产业发展的制度土壤来打造面向未来的科技引擎。

一、AI 伦理和治理成基本共识，各界探索落地机制

（一）中美欧采取不同的 AI 路径，创新与伦理平衡是 AI 治理关键

全球来看，中美欧是 AI 领域的主要“玩家”，代表着不同的发展路径。互联网等数字技术发展薄弱、在数字经济领域显著落后于美国的欧盟，采取了更加侧重立法和监管的路径，其 AI 战略的三大支柱之一即是“建立与人工智能发展和应用相适应的法律和伦理框架”。《通用数据保护案例》（GDPR）影响着全球个人信息保护立法，欧盟希望在 AI 立法和监管上也成为全球领导者。2019 年欧盟不仅提出了系统性的伦理框架，而且开始酝酿人工智能相关立法，以 2019 年 4 月发布的《可信 AI 伦理指南》和《关于构筑对以人为本的人工智能的信任的通信》等政策文件为代表。但欧盟对立法和监管的过度强调，能否最终转化为其在 AI 技术、产业上的国际竞争力，是值得深入探讨的。另外，就像通过 GDPR、数字税、互联网反垄断调查等一系列举措来限制美国大型互联网企业一样，欧盟希望通过 AI 政策提升其自身竞争力的意图也是不言而喻的。

相反，美国作为 AI 领域的领头羊，采取了轻监管、促创新的路径，以政策不阻碍 AI 技术和产业发展、降低创新的门槛和成本为优先考虑，并在发展过程中采取渐进式监管而非激进的监管，来应对新出现的问题。目前美国已在积极废除或修订交通、医疗等重点应用领域内限制、阻碍 AI 技术发展应用的既有监管规则。2019 年 2 月，美国正式出台了 AI 战略，其中提出制定 AI 监管指南并设定 AI 治理标准，而且美国已提出了联邦政府参与、主导 AI 标准的

系统性计划。美国的国家人工智能战略虽然姗姗来迟，但表明了美国在人工智能领域维持并巩固其全球领导地位的决心，预计将采取一系列措施和行动。例如，为了推动实施美国 AI 战略，2020 年 1 月美国联邦政府发布了《人工智能应用的监管指南》，要求联邦政府在针对人工智能技术和相关产业采取监管和非监管措施时，要以减少 AI 技术应用的障碍、促进技术创新为宗旨，该指南同时提出了管理人工智能应用的十大原则，并呼吁更多采取行业细分的政策指南或框架、试点项目和实验（如为 AI 应用提供安全港）、自愿性的行业标准等非监管的措施。因此可以预见，相比草率地推行强硬的立法和监管，未来美国的 AI 政策会更加侧重标准、指南等敏捷灵活的方式。

就我国而言，除了密集出台促进人工智能发展的产业政策之外，我国也已开始加强 AI 伦理、标准等方面的建设，《新一代人工智能治理原则——发展负责任的人工智能》回应了国际社会对我国不重视 AI 伦理和治理的质疑。2019 年的重庆智博会上提出了发展智能技术需要坚持的四个原则并呼吁“科技向善”。未来在 AI 治理上，我国需要结合自身产业发展实际，遵循促创新、促发展的路径，同时采取多元化的方式防范技术的伦理风险，避免偏向欧盟的强监管模式，给技术创新和产业发展形成掣肘。

（二）国际社会探索建立广泛认可的 AI 伦理原则，推进敏捷灵活的 AI 治理

国际层面，AI 领域的竞争已从技术和产业应用扩张到了国际规则的制定，尤其是 AI 伦理和治理规则的制定。2019 年 5 月，OECD 成员国批准了全球首个由各国政府签署的 AI 原则——“负责任地管理可信 AI 的原则”，包括包容

性增长、可持续发展和福祉原则，以人为本的价值观和公平原则，透明性和可解释性原则，稳健性和安全可靠原则，以及责任原则。这些原则已被 G20 采纳，今后有望成为 AI 领域的国际准则。

整体而言，从联合国的“AI 向善国际峰会”（AI for Good Global Summit）和推动建立“AI 伦理国际对话”的努力到 OECD 和 G20 人工智能原则，国际层面的 AI 治理已进入实质性阶段，初步确立了以人为本、安全可信、创新发展、包容普惠等基调，以及敏捷灵活的治理理念。

此外，根据 WIPO 的报告，科学知识和创新呈现出越来越全球化的趋势。在此背景下，为了实现可持续发展目标，AI 领域的国际合作尤其重要，所以需要包容性的、全球化的路径。我国需要积极参与、主导 AI 领域的国际治理和国际规则制定，输出 AI 伦理和治理理念，增强话语权。

（三）科技行业日益重视 AI 伦理，但落地机制仍需探索行业共识

行业层面，互联网、人工智能等数字技术的影响日益广泛、纵深和复杂，对“科技向善”的呼吁已经成为行业共识。在此背景下，微软、谷歌、腾讯等国内外主流科技公司纷纷提出了各自的 AI 伦理原则，积极防范 AI 滥用风险并缓解 AI 应用可能引发的负面问题。例如，腾讯在国内率先提出“科技向善”理念，将其与“用户为本”一道作为新的使命愿景，并提出其人工智能研究与应用需要遵循的“四可”（可用、可靠、可知、可控）原则。

但对于以什么样的方式和标准来落地 AI 伦理原则和要求，行业缺乏共识。伦理审查委员会作为科技行业开始探索的一种机制，目前存在较大争议。2019

年 3 月，谷歌成立了外部顾问性质的 AI 伦理委员会，但由于引发了较大争议，不久之后便予以解散。2019 年谷歌子公司 DeepMind 也遣散了其 AI 医疗部门的伦理审查委员会。微软则成立了内部的 AI 伦理委员会，旨在制定内部政策，确保其 AI 业务和 AI 平台符合其核心价值和原则并造福社会。在我国已在组建国家科技伦理委员会的大背景下，科技行业在制定 AI 伦理原则之外，还需要探索更具体的举措，让伦理原则真正落地到 AI 研究与应用活动中，对技术和产业发展形成正向引导和规范。

二、细分领域监管持续推进，立法需合理平衡风险防范与发展诉求

（一）欧盟探索 AI 算法分类分级监管机制，避免过度规制商业领域应用

AI 算法自动化决策系统在数字内容分发、在线广告、电子商务、金融等领域的广泛应用，可以提高决策的效率、准确性或者避免人类决策者自身可能怀有的偏见，但也引发了社会各界对歧视、隐私、安全等问题的关注。我国和欧盟、加拿大等已在通过立法对这些问题予以回应。

我国的《数据安全管理办法》《个人信息安全规范》《网络信息内容生态治理规定》等立法，针对定向推送、算法推荐、个性化展示、信息系统自动决策等方面内容提出了要求，规范算法系统的应用。例如，对于定向推送或个性化

展示，要求标明“定推”字样或通过不同的栏目、板块、页面分别展示，并提供退出选项和信息删除；开展定向推送活动禁止歧视、欺诈等；对于满足条件的信息系统自动决策，建立个人信息安全影响评估和用户投诉机制；个性化算法推荐体现主流价值导向，建立人工干预机制。

欧盟的《通用数据保护条例》（GDPR），从个人信息保护的角度，针对不存在人为干预的完全自动化决策（包括画像）做出了规定，但其赋予个人的拒绝权仅限于产生法律效果或类似重大效果的应用场景，而非针对所有的应用场景，因此并不约束新闻、广告等数字内容的算法推荐。其后，欧盟进一步调整监管思路，2019 年 4 月发布的《算法责任与透明治理框架》提出建立分类分级监管机制，且不要求对算法进行公开或解释。具体而言，在算法监管方面，分类即针对政府和公共部门使用的算法系统和商业领域的算法系统建立不同的监管，前者需要建立“算法影响评估”（algorithmic impact assessment）机制；分级即对于一般的商业算法系统采取事后追究法律责任的方式，但对于具有与政府和公共部门的算法系统应用类似的重大影响的商业算法系统可考虑建立“算法影响评估”机制。这种做法能避免给企业带来不成比例的成本和管理负担，有助于人工智能发展应用。

在算法透明方面，欧盟立法者认为，技术透明不等于“对算法的每一个步骤、算法的技术原理和实现细节进行解释”，简单公开算法系统的源代码也不能提供有效的透明度，反倒可能威胁数据隐私或影响技术安全应用。考虑到 AI 的技术特征，理解 AI 系统整体是异常困难的，对理解 AI 做出的某个特定决策也收效甚微。因此，对于现代 AI 系统，通过解释某个结果如何得出而实现透明，将面临巨大的技术挑战，也会极大限制 AI 的应用；相反，在 AI 系统的行为和决策上实现有效透明，会更可取，也能提供显著的效益。因此，考虑到人工智能的技术特征，GDPR 并没有要求对特定自动化决策进行解释，而仅要求提供关于内在逻辑的有意义的信息，并解释自动化决策的重要性和预想的后果。除了监管之外，欧盟立法者认为，还应通过教育、新闻报道、揭秘等方式提高公众的算法素养。

全球来看，“算法影响评估”机制得到了越来越多的讨论。除了欧盟以外，加拿大、美国等也在探索相关措施。例如，2019 年 2 月 5 日加拿大出台的《自动化决策指令》（*Directive on Automated Decision-making*），将算法监管的重心放在了政府部门。该指令针对政府部门在作出行政行为的过程中使用自动化决策系统（automated decision system），提出了算法影响评估、透明度（例如决策前通知、决策后提供解释、软件准入许可、公布源代码等）、质量保证（如测试和监测结果、数据质量、同行审查、员工培训、意外事故处置、安全、合规、人类干预等）、救济、报告等要求。2019 年 4 月美国国会议员提出的《算法责任法案》则要求针对符合条件的主体的高风险自动化决策系统，建立自动化决策系统影响评估机制（automated decision system impact assessment），评估自动化决策系统及其开发过程（包括系统的设计和训练数据），以评估其在准确性、公平、偏见、歧视、隐私、安全等方面的影响。然而在现阶段，这一新倡议的“算法影响评估”机制在全球范围内存在巨大争议，仍有很多落地问题悬而未决，需要理性对待。

（二）深度伪造和合成内容引发监管关注，立法防范风险同时留出发展空间

深度伪造（Deepfake）和合成内容随着生成对抗网络（GAN）等机器学习

技术的发展而出现，其最常见的方式是 AI 换脸，例如 deepfake、face2face 等技术，此外还包括语音模拟、人脸合成、视频生成等，这些技术统称为深度伪造。深度伪造及相关的 AI 技术在文娱、教育、医疗等诸多领域具有积极应用价值，如实现虚拟主播、替身演出、虚拟歌手、戏仿和自我表达（如 AI 换脸应用“ZAO”让普通人实现明星梦）、医疗数据生成等。但也给网络平台治理提出了新的挑战，主要表现为利用深度学习等 AI 技术制作高度逼真且真假难辨的图片、音频、视频等深度伪造内容来从事各种欺骗和欺诈活动，将网络攻击场景和信息安全问题带到一个全新的层面，如色情报复、敲诈勒索、假冒身份、散布虚假信息等，给个人和企业利益以及公共安全带来威胁。而且深度伪造生成方法开源软件（如 deepfake、face2face 等）的增多，极大地降低了操纵、伪造音视频的门槛。《深度伪造进展：蓝图、威胁和影响》报告显示，到 2019 年 7 月，网上的深度伪造视频总数比 2018 年 12 月翻了一番，达到 14678 个，其中伪造的色情视频占比高达 96%。

美国最早对深度伪造进行规制，2019 年以来，美国尤其担心深度伪造对 2020 年大选和国家安全的影响，开始探索立法应对措施，防范潜在滥用风险。2019 年 6 月，美国国会先后提出了《深度伪造责任法案》和《2019 年深度伪造报告法案》。此外，美国的加利福尼亚州、得克萨斯州、马萨诸塞州、弗吉尼亚州等也陆续推出了相关立法。这些立法提出的主要措施如下。

第一，划定应用边界，禁止政治干扰、色情报复、假冒身份等非法目的的深度伪造，否则可能构成刑事犯罪。例如，美国加利福尼亚州的法律草案规定，禁止在投票选举前 60 日内传播明知是伪造或合成的候选人视频，除非包含视频属于伪造的免责声明。美国得克萨斯州 2019 年 9 月 1 日生效的一项法案将在选举前 30 日内制作、散布深度伪造视频意图伤害候选人或影响选举结果的行为，认定为刑事犯罪。此外，美国弗吉尼亚州 2019 年 7 月 1 日生效的反色情复仇修正法案，将“制作、传播虚假的裸体或性视频、图像”意图胁迫、骚扰或恐吓他人的行为，认定为刑事犯罪。《深度伪造责任法案》规定，利用深度伪造技术实施数字冒名顶替行为也应视为假冒身份行为。

第二，设置披露义务，要求制作者、上传者以适当方式披露、标记合成内容，例如采取嵌入数字水印、文字、语音标识等方式。《深度伪造责任法案》规定，利用深度伪造技术合成虚假内容放置于网络上传播的，制作者应当采用嵌入数字水印、文字、语音标识等方式披露合成信息。违反披露义务的制作者或者恶意删除披露信息的行为人需承担民事责任，行为恶劣、造成严重后果的还会面临罚金、人身监禁等刑事处罚。

第三，加强技术攻防，呼吁开发检测识别技术和反制技术。《深度伪造责任法案》要求成立深度伪造特别小组，其职责包括研究开发针对包括深度伪造在内的图像、音视频操纵技术的检测识别和反制技术、为研究此类技术的其他政府部门提供行政和科学支持、与私营企业或学术机构合作开发检测识别工具等。此外，《2019 年深度伪造报告法案》要求美国国土安全部（DHS）定期发布关于深度伪造技术的评估报告。

我国相关立法也开始关注深度伪造问题，制定中的《民法典人格权编》《数据安全管理办法》以及已出台的《网络音视频信息服务管理规定》《网络信息内容生态治理规定》等都做出了相应规定，侧重人格侵权和内容安全。具体包括：禁止利用信息技术手段伪造的方式侵犯他人的肖像权和声音；针对自动合成的信息内容标明“合成”字样；禁止利用深度伪造等新技术从事禁止性活动。

从国外监管趋势来看，规范深度伪造和合成内容的应用，需要政府、企业、公众、用户等多方主体共同参与，在分类分场景监管之外，还可采取制定行业公约和技术标准、研发视频鉴伪和溯源技术、提高公众的警惕防范意识和数字素养等多元化的方式，同时鼓励行业探索更多有益运用场景，引导技术向善发展，提振产业发展信心。未来需要加强源头治理，构建以制作者的标注、标记义务为核心的治理机制，同时鼓励发展应用鉴别对抗技术。

在源头治理方面，如前所述，当前美国的做法主要是要求制作者、上传者对深度伪造内容进行标注，从而从源头上对深度伪造进行规范。这一源头治理的做法具有合理性，因为没有标注的深度伪造内容一旦传播出去之后，第三方就很难鉴别，检测技术的开发、成熟也面临着诸多困难，而且难以跟上深度伪造技术进化的步伐，所以开发溯源技术并进行源头标记是最有效的措施。此外，考虑到行业内当前还没有通用的、高准确率的视频鉴伪网络，相应的鉴伪技术也都尚在初步阶段，还有很长一段路要走，所以美国并未强制要求平台对用户上传的或第三方的视频是否属于“深度伪造”或“自动合成”进行检测识别，并以此为由要求平台承担责任，因为这将给企业带来不成比例的管理负担和成本。

在技术对抗方面，当前谷歌、Facebook、腾讯等国内外主流科技公司都开始通过多种举措，发展甄别深度伪造和合成内容、对抗深度伪造技术滥用的方法和工具，包括：构建并开放深度伪造数据集，为研究、开发检测识别技术提供基准；支持、发起深度伪造检测挑战赛，与行业携手推动检测技术的研究与开发；开发深度伪造检测识别和标注工具；培训专门的合成内容审查人员，加强对视频内容的真实性审核。可见，面对人工智能等新技术的潜在风险，行业内越来越重视自律性质的风险管理措施。

（三）立法助推自动驾驶汽车落地，“城市空中出行”呼吁监管革新

当前，全球多国已将发展自动驾驶汽车技术上升为国家战略，通过立法、标准、技术指南、伦理准则等全方位举措加速推进其应用落地。2019年是自动驾驶汽车从测试逐步走向商业化应用的一年，谷歌旗下自动驾驶技术公司Waymo等行业领头羊开始推出自动驾驶出租汽车服务，立法和监管政策也在加速这一发展趋势。例如，美国加利福尼亚州已于2018年允许自动驾驶汽车客运服务试点项目。2019年6月，美国佛罗里达州为自动驾驶立法，不仅将在道路上操作自动驾驶汽车合法化，而且提出了“自动驾驶汽车共享网络”这一全新的客运交通服务，为自动驾驶汽车的应用普及奠定了坚实的法律基础。在美国国家层面，在2018年未能最终通过自动驾驶汽车法案之后，2019年美国国会继续推动相关立法，以期通过法律和监管创新来加速自动驾驶汽车的商业化发展。2020年1月美国交通部发布的《自动驾驶汽车政策4.0：确保美国在自动驾驶汽车技术上的领导地位》（*Ensuring American Leadership in Automated Vehicle Technologies：Automated Vehicles 4.0*）在过去发布的三版自动驾驶汽车政策指南的基础上，系统提出了美国政府对于自动驾驶汽车技术的监管原则，表明了美国大力推动自动驾驶汽车技术发展落地、抢占国际制高点的决心。

就我国而言，在2018年出台的《智能网联汽车道路测试管理规范（试行）》允许路测之后，各地已在出台推动智能网联汽车应用落地的政策。2019年9月，《上海市智能网联汽车道路测试和示范应用管理办法（试行）》的出台，使得上海成为国内首个为企业颁发智能网联汽车示范应用牌照的城市，并

推动测试牌照区域互认。北京、广州、长沙、武汉等城市已允许载人、载物、编队行驶等测试情形，例如 2019 年 12 月 13 日北京出台《北京市自动驾驶车辆道路测试管理实施细则（试行）》，允许载人及载物测试、编队行驶测试等。智能网联汽车向商业化和市场化迈进了一步。长远来看，我国自动驾驶汽车技术和产业的发展普及需要在安全标准、道路测试、商业试点、高精地图、责任保险等多方面配套推进政策措施，并积极废除或修改阻碍自动驾驶汽车发展应用的既有法规和标准，才能确保在制造业与 ICT 融合的自动驾驶汽车领域抢占全球高地。

此外，以电动垂直起降航空器（eVTOL）为核心的未来“城市空中出行”（UAM）也呼吁监管革新。未来交通领域的变革不限于自动驾驶汽车，商用的电动垂直起降航空器，即所谓的“飞行汽车”，也已成为美欧的重点布局。目前 Uber Elevate、Airbus、Lilium、Volocopter 等航空制造商已在尝试推出“空中出租车”服务。城市交通未来将有更大的想象空间，到 2030 年城市空中出行行业的市场价值有望达到 79 亿美元。美欧已在从无到有地建立城市空中出行监管，需要解决很多监管挑战，如设备设计认证、适航管理等。2019 年 7 月，欧洲航空安全局（EASA）出台了针对小型 VTOL 航空器操作的特殊规定，针对这类新的飞行设备建立了基本的监管框架。美国联邦航空管理局（FAA）也在推进制定合适的安全法案，并已于 2019 年 4 月就无人机送货服务向谷歌子公司 Wing 颁发了第一个适航认证。eVTOL 作为新生事物，在我国存在诸多监管障碍和法律空白。长远来看，为了应对 eVTOL 带来的监管挑战并推动其应用普及，需要加快建立 eVTOL 设计和操作的监管框架，并可考虑建立一套以城市空中交通（UAM）为核心的新体系，兼顾安全、公共利益和行业发展诉求。

（四）人脸识别引发法律和伦理争议，政策选项在于规范而非禁止

2019 年，人脸识别技术广泛应用，从设备解锁、刷脸核身、刷脸支付到安检、安防、犯罪侦查等，在带来效率、便利并增进社会福祉的同时，也不断引发歧视偏见、隐私保护、个人自由、伦理边界等诸多争议。例如，Facebook 因使用照片自动标记功能而招致的潜在赔偿额高达 350 亿美元的人脸识别集体诉讼，可能改写美国隐私诉讼要求有形损害的规则，无形损害也可作为提起隐私诉讼的理由。据悉，Facebook 已同意和解该案，将向原告支付 5.5 亿美元和解费。此外，2019 年 8 月瑞典数据保护机构针对当地一所高中利用人脸识别记录学生出勤的行为，开出了 GDPR 生效以来的第一张人脸识别罚单，认为学校的数据收集行为违反必要性原则且缺乏正当性依据。我国也出现了相关诉讼，“郭兵诉杭州野生动物世界”被认为是国内人脸识别第一案。

随着相关争议的不断发酵，美欧开始推进人脸识别立法，尝试为政府部门使用人脸识别技术建立较高的法律门槛。2019 年以来，美国已有多个城市（如旧金山、萨默维尔以及奥克兰）禁止政府部门使用人脸识别技术；美国国会提出了《商业人脸识别隐私法案》，要求使用人脸识别技术前须获得终端用户的“明确同意”（affirmative consent）。然而，美国个别城市的“保守”态度引发了美国商会（CTEC）的担忧，CTEC 认为过早禁止人脸识别技术将阻碍技术的利用和创新，并会冲击相关产品市场。为此，2019 年 12 月 CTEC 起草了《面部识别政策原则》（*Facial Recognition Policy Principles*），期望协助政策制定者在平衡技术与隐私的前提下制定监管提案，建议国会在减少面部识别技术相关风险的基础上，确保人脸识别技术能得到安全开发和

有效监管。

英国对人脸识别技术的态度较为理性，在 R（Bridges）v The Chief Constable of South Wales 一案中，英国高等法院判决认为警方对实时人脸识别技术（LFR）的使用是合法的；英国信息专员公署（ICO）发布的《关于执法部门在公共场所使用实时人脸识别技术的建议》则呼吁政府针对实时人脸识别技术的部署和使用，建立强制性的规则和较高的法律门槛，充分平衡各方利益，即执法部门必须提供充分的证据来证明在每一个特定的场景下使用人脸识别技术是严格必需的、有效的且符合利益平衡原则和比例原则的。此外，欧盟也在推进制定人脸识别技术的特殊监管规则，例如 2020 年 1 月被媒体泄露出来的欧盟人工智能监管政策白皮书中已针对人脸识别技术提出了潜在监管方案，其中一项即为“在评估人脸识别技术影响的方法和风险管理措施被开发出来之前，可能会暂时（3～5 年）禁止在公共场所使用该项技术”。

在国内，AI 换脸应用“ZAO”收集人脸信息、人脸识别技术进课堂、北京地铁拟利用人脸识别技术对乘客进行分类安检等争议性事件引发社会各界激烈讨论。从实时人脸识别到分析步态、预测情绪的 AI 系统，技术快速进化，给监管提出更多挑战。结合国外监管趋势来看，科学理性的政策选择在于规范而非禁止，明确合法性依据和合规要求是应有之义。政策制定者应当看到人脸识别的积极价值，在权衡利弊的基础上对其进行适度监管和规范，在人脸识别技术的发展上寻求科技创新与隐私保护的“最大公约数”，而非一刀切地予以禁止或者放任不管。更进一步而言，鉴于人脸作为个人生物识别信息的敏感性，人脸识别技术的妥善应用需要明确技术应用的法律和伦理边界，建立法规标准。一方面需要针对不同的应用场景配置不同的监管要求，明确人脸识别技术应用的合法性依据和利益平衡、比例原则等问题；另一方面需要消除算法系统中的歧视和偏见，以合理平衡个人权利保护、公共利益和产业发展。就我国而言，行业的健康有序发展离不开标准和规范的支持，我国目前已在制定人脸识别国家标准，确保人脸识别系统功能、性能及安全要求，保障算法与应用的准确率，引导技术健康发展。

（五）人工智能赋能医疗健康产业发展，应用落地离不开监管革新

在医疗健康领域，人工智能正被广泛应用于医学影像、辅助诊疗、疾病预测、药物研发、健康管理等，有望变革医疗健康行业。全球医疗市场对“AI医疗”的需求巨大，据 IDC 统计，到 2025 年人工智能应用市场规模将达到 1270 亿美元，其中医疗健康行业将占市场规模的 1/5。

但 AI 医疗的发展面临着 AI 医疗设备准入和审批、医疗数据库建设与共享、责任承担、隐私保护等诸多问题。美国、日本、印度、新加坡等已在探索制定促进 AI 医疗服务应用落地的法律和监管规则。例如，由于 AI 技术可不断利用新获取的数据来精进算法，AI 模型的自主性、适应性和持续迭代成了监管难点，给传统的医疗设备监管框架提出了挑战，因此美国 FDA 已为 AI 医疗设备提出了新的监管框架，从而允许 AI 医疗设备在获得审批、投入市场之后不断迭代改进。

就我国而言，2019 年 6 月发布的《深度学习辅助决策医疗器械软件的审评要点及相关说明》进一步明确了 AI 医疗设备的审批标准。可以预见，AI 医疗领域的市场准入、数据共享与数据安全、责任承担等问题将极大影响产业走向，呼吁监管革新。一方面，AI 医疗分级监管与审批已成为国际趋势，在行

业发展探索阶段，对部分风险较小的细分领域加快审批速度，优先发展，有利于提供更多实践经验。另一方面，我国丰富的医疗数据资源亟待整合，加快数据平台建设实现医疗数据的结构化与标准化，构建医疗数据分享与利用机制，可能成为我国下一阶段 AI 医疗发展的重要优势。

三、展望：构建多层次新技术治理体系，发展安全可信、负责任的 AI

人工智能的健康可持续发展离不开良好治理，良好治理旨在实现安全可信、负责任的人工智能。未来 AI 技术可能变得更加强大，出现所谓的强人工智能和超人工智能。我们需要管理好比我们自身更强（例如现阶段的人工智能在某些领域已经超过了人类）的 AI 技术，最大限度地释放 AI 技术在社会、经济、环境等各方面的巨大价值，并将其风险和危害控制在最低限度。未来对 AI 技术的良好治理需要着重考虑以下三点。

（一）构建多层次的治理体系，采取敏捷灵活的治理方式

多层次的治理体系比单一维度的立法和监管更能适应人工智能所具有的快速发展迭代、日益复杂化等特征。顶层的法律规范可以划定技术应用的边界。在基本理念上，立法需要避免统一的、一刀切式的、激进的监管方式，而应以领域细分和风险防范管理为导向，遵循包容审慎、敏捷灵活、鼓励创新等

监管理念，同时考虑不同应用场景的不同影响、监管对技术和产业的影响、技术和商业可行性、企业负担等因素，采取分类、分级、分阶段的方式进行适度监管。

此外，由于技术及商业模式快速发展迭代，仓促的立法难以产生正面效果，而且成文或专门的立法恐难跟上技术步伐，故应避免过于严格和过于细致的法律要求，可以采取事后监管、事后追责等轻监管的方式。中层的行业和企业自律也将发挥重要作用，需要鼓励践行科技向善、负责任创新与研究等理念，支持行业自律。具体而言，可以采取行业标准、自律公约、最佳实践做法、技术指南、伦理框架等敏捷灵活的治理方式来规范、引导人工智能的发展应用，实现科技向善。底层的教育和意识培养同样不可或缺，一方面需要提升社会公众的数字素养、算法素养等技术素养；另一方面需要针对技术人员和从业者开展伦理教育，使其做到自律。

（二）立法和监管需充分考虑国际竞争、技术的经济社会价值等视角，推动先行先试

在当前激烈的国际竞争背景下，我国针对人工智能等新技术的立法和监管需要着重考虑国际竞争视角，避免产生阻碍、延缓技术发展应用的不利效果，削弱我国的科技和产业竞争实力。在全球竞争重心日益转向人工智能等新技术的大背景下，过早或过度的监管都可能削弱一国在AI领域的竞争力。与此同时，立法和监管还应充分考虑技术的经济社会价值，保证技术红利在经济社会发展中的最大释放，避免因偶发性的负面问题而“过度反应”或“因噎废食”，从而采取应激、激进的监管措施。

此外，我国正在密集推动人工智能创新发展试验区建设，自动驾驶、5G、大数据等领域也在涌现发展示范区，人工智能与实体经济融合也已成国家重要战略布局。这些前沿科技领域的发展和应用落地往往需要突破既有的法律和监管壁垒。因此有必要在这些领域出台更包容新技术的政策和立法，探索制定前瞻性规则，移除法律和监管障碍，推动先行先试，给予适度宽松的发展空间，给 AI 应用提供安全港（safe harbor），通过试验、测试、试点等方式加速 AI 从研发到商业落地的转变，同时审查、调整政策、监管框架和评估机制以鼓励创新和竞争。

（三）推动人工智能治理的跨学科参与和国际合作

面向未来，AI 等新技术的健康发展离不开技术、社科、人文等不同领域人员的通力协作。科技行业需要从当前的技术中心主义模式转向技术人文协作模式，AI 研究与发展需要广泛吸纳不同种族、性别、文化和社会经济阶层以及不同领域（如经济、法律、哲学、社会学、人类学、心理学等）人员的思考和顾虑。监管也需要采取多利益相关方共同参与的模式，广泛听取行业主体、专家和公众的意见，避免决策者与从业者脱节。此外，在当前的全球化背景下，一个可持续发展的地球也需要各国在 AI 技术、产业、伦理、治理等各方面加强合作，从而让人工智能实现以人为本的、包容普惠的、安全可持续的发展。

执笔人：曹建峰

（腾讯研究院）

参考文献

[1] https://futureoflife.org/national-international-ai-strategies/?cn-reloaded=1.

[2] 曹建峰，方龄曼. 欧盟人工智能伦理与治理的路径及启示，https://zhuanlan.zhihu.com/p/83867653.

[3] https://ec.europa.eu/digital-single-market/en/artificial-intelligence#Building-Trust-in-Human-Centric-Artificial-Intelligence.

[4] https://www.whitehouse.gov/ai/.

[5] https://www.whitehouse.gov/wp-content/uploads/2020/01/Draft-OMB-Memo-on-Regulation-of- AI-1-7-19.pdf.

[6] https://www.oecd.org/going-digital/ai/principles/.

[7] https://www.wipo.int/wipr/en/2019/.

[8] 腾讯 AI 实验室，腾讯研究院. 智能时代的技术伦理观——重塑数字社会的信任，https://mp.weixin.qq.com/s/NOGtj5y_5ADmSk0TijdOgQ.

[9] 数据安全管理办法草案第 23 条，网络信息内容生态治理规定第 12 条. 个人信息安全规范的最新修订草案 7.5、7.7.

[10] http://www.europarl.europa.eu/thinktank/en/document.html?reference=EPRS_STU（2019）624262.

[11] 曹建峰. 从行业角度看人工智能治理与伦理问题，https://mp.weixin.qq.com/s/5wq0pYuC-fNotcA_bl7oQA.

[12] https://www.tbs-sct.gc.ca/pol/doc-eng.aspx?id=32592.

[13] https://www.lexology.com/library/detail.aspx?g=f31f9909-0f74-494e-b81b-bb4aa528283c.

[14] 张钦坤，曹建峰. 从《网络生态治理规定》看互联网新技术的治理. https://mp.weixin.qq.com/s/ZWcUdo9rM48rAh-0PMXAsA.

[15] https://deeptracelabs.com/mapping-the-deepfake-landscape/.

[16] https：//www.congress.gov/bill/116th–congress/house–bill/3230.

[17] https：//www.congress.gov/bill/116th–congress/senate–bill/2065/text.

[18] 民法典人格权编草案第 799 条，数据安全管理办法草案第 24 条，网络信息内容生态治理规定第 23 条，音视频信息服务管理规定第 11–13 条 .

[19] 腾讯研究院 . 2018 年全球自动驾驶法律政策研究，https：//mp.weixin.qq.com/s/fFKZs5T4UZ4U60Dj1j4Y0w.

[20] https：//www.transportation.gov/av/4.

[21] https：//www.congress.gov/bill/116th–congress/senate–bill/847/text.

[22] https：//www.uschamber.com/letters–congress/coalition–letter–facial–recognition–technology.

[23] https：//ico.org.uk/about–the–ico/news–and–events/blog–live–facial–recognition–technology–police–forces–need–to–slow–down–and–justify–its–use/.

[24] https：//www.euractiv.com/section/digital/news/leak–commission–considers–facial–recognition–ban–in–ai–white–paper/.

[25] https：//www.fda.gov/medical–devices/software–medical–device–samd/artificial–intelligence–and–machine–learning–software–medical–device.

[26] 曹建峰 . 既要人工智能高效发展，还要符合伦理，该怎么做？ . https：//mp.weixin.qq.com/s/j6bvrjxKFurmzBWkTdbUeQ.